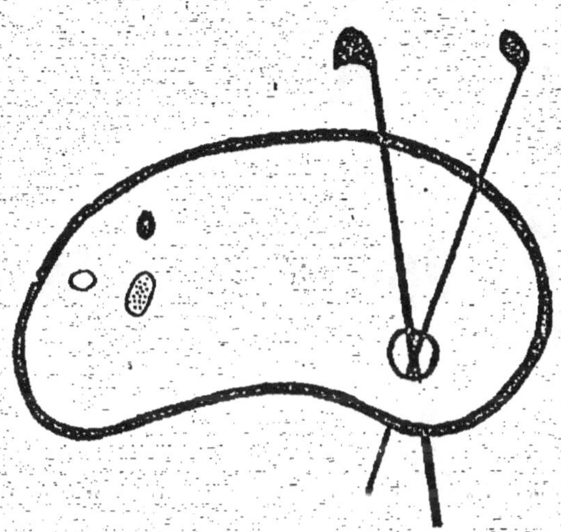

MANUEL

DE

PROPAGANDE

DES

PUBLICATIONS

DE LA

MAISON DE LA BONNE PRESSE

PARIS
5, RUE BAYARD, 5

MANUEL DE PROPAGANDE

DES

PUBLICATIONS

DE LA

Maison de la Bonne Presse

PARIS

5, RUE BAYARD, 5

PREMIÈRE PARTIE

L'œuvre de la Bonne Presse et ses productions diverses

CHAPITRE PREMIER

L'œuvre de la Bonne Presse

1° HISTORIQUE

La Maison de la Bonne Presse et l'Œuvre de la *Croix* furent fondées par les Révérends Pères Augustins de l'Assomption. Elles eurent des débuts modestes. Le 12 juillet 1873 parut le *Pèlerin*, qui fut illustré à partir de janvier 1877 ; puis, en 1880, une revue mensuelle qui prit le titre de *la Croix*, et qui se transforma en juin 1883 en journal quotidien.

Il serait trop long de suivre pas à pas les progrès de cette œuvre, dont les Assomptionistes, avec leur conception pratique des besoins de notre temps, avaient si bien compris l'urgente nécessité (1).

Et tous les catholiques français savent

(1) Pour connaître l'origine et suivre le développement de la Maison de la Bonne Presse, lire la *Vie du Père Vincent de Paul Bailly*, son fondateur, par L. Lacoste. Un vol. in-8° de 184 pages à deux colonnes et 160 illustrations sur papier de luxe. Prix, 2 francs, port, 0 fr. 25.

par suite de quel concours de circonstances M. Paul Feron-Vrau fut amené à prendre, le 1er avril 1900, la direction effective de cette puissante entreprise, qui n'a cessé de se développer.

Si cette œuvre de presse catholique a été appelée « Maison de la Bonne Presse », on comprend aisément que ce titre indiquait, non la pensée de s'arroger un monopole certainement bien loin de l'esprit qui a présidé à sa fondation, mais simplement l'intention de grouper dans une œuvre commune un ensemble de journaux, de publications, de livres, d'écrits de toute nature, susceptibles de servir à l'apostolat catholique.

Il existe, grâce à Dieu, bien d'autres et excellentes maisons éditant de bons journaux, de bons livres et de bonnes publications. Le but poursuivi par la Maison de la Bonne Presse étant un but d'apostolat, rien ne peut réjouir davantage ceux qui y travaillent, que de voir se développer tout autour d'eux la presse catholique française. Ils applaudissent aux efforts qui sont faits pour en accroître encore la puissance. Et nos confrères savent que, dans la mesure où nous le pouvons, nous cherchons toujours à leur être utiles et à entretenir avec eux les meilleurs rapports.

2° ESPRIT DE L'ŒUVRE

La Maison de la Bonne Presse a été fondée pour la défense de l'Eglise et l'exaltation du règne de Notre-Seigneur Jésus-Christ. Il est nécessaire que ceux qui se consacrent à sa diffusion restent toujours fidèles à cette ligne de conduite.

Nous sommes entièrement et joyeusement obéissants à toutes les directions pontificales. Nous sommes respectueusement soumis à nos évêques. Notre désir est de les aider le plus possible dans leur mission apostolique, en travaillant, de concert avec le clergé, les religieux et les personnes d'œuvres, au bien des âmes par le moyen de la presse, et en favorisant aussi le développement de toutes les associations qui se dévouent au salut de notre pays.

La Maison de la Bonne Presse a été fondée sur des bases surnaturelles ; c'est sur ces bases qu'elle reste établie. Cette œuvre n'a demandé son succès qu'à Dieu. Les souffrances des religieux persécutés et exilés ont certainement, plus que tous les efforts des hommes, contribué à en maintenir la prospérité.

Elle bénéficie, en outre, des prières et du dévouement que des milliers de personnes lui apportent, non seulement à Paris, mais dans toute la France.

Pour rester en contact avec cette véritable légion d'amis, de zélateurs et de zélatrices, il a été nécessaire de créer des organes spéciaux ayant chacun leur but.

Le *Journal bleu,* organe de la Ligue de l'*Ave Maria,* pour l'action par la prière, cette action et le secours surnaturel étant mis à la base de toute notre diffusion.

La *Croisade de la Presse,* qui donne chaque mois les nouvelles de l'œuvre, indique les industries pratiques de la propagande, et raconte les efforts de nos amis.

3° IMPORTANCE DE L'ŒUVRE

La Maison de la Bonne Presse comprend un personnel de près de 700 membres. Ce chiffre n'est rien auprès du nombre des collaborateurs de bonne volonté qui sont groupés autour d'elle et qui forment une armée de plus de 12 000 Comités, de plus de 50 000 zélateurs : chevaliers de la *Croix*, Pages du Christ, porteurs de ses diverses publications. Par ses journaux et revues, elle pénètre chaque semaine dans plusieurs millions de foyers.

La Maison de la Bonne Presse comprend:

1° Des rédactions spéciales pour tous ses journaux et revues, au nombre de plus de 30 avant la guerre ;

2° Un « secrétariat de propagande », chargé de coordonner et de stimuler tous les efforts des propagateurs. Il exerce cet apostolat d'expansion, soit par correspondances, soit par les délégués qui vont à travers toute la France encourager et multiplier, par leurs visites et leurs conférences, les amis de la Bonne Presse ;

3° Une administration qui se tient en relations constantes avec tous les Comités. Pour donner une idée de la complication de cette administration et obtenir l'absolution passée et future de ses méfaits, oublis, erreurs ou retards, il suffit de dire qu'elle reçoit, à certains jours, plus de 3 000 lettres, sans compter les imprimés et circulaires ; elle a pour consigne de répondre à tout ; elle mérite donc un peu d'indulgence ;

4° Un service groupant les projections fixes et cinématographiques, la photographie et la polycopie ;

5° Une imprimerie d'où sortent, sans exception, toutes ses publications ;

6° Un atelier de photogravure, qui produit tous les clichés typographiques de la Maison, en particulier les illustrations parfaites de ses revues de luxe, et fournit au dehors à de nombreux clients.

Cette vaste organisation, unique dans le monde entier, a pour but de mettre à la disposition des catholiques tout un puissant ensemble de moyens variés pour les aider à lutter contre la mauvaise presse et à faire rayonner la bienfaisante influence de la vérité religieuse. Cet arsenal leur offre la possibilité de réaliser le désir qu'exprimait le Pape Léon XIII : « A la mauvaise presse, opposez la bonne presse! »

4° LA SOCIETE JEANNE-D'ARC

Au début de 1908, au mépris de tout droit, mais au nom d'une prétendue justice, M. Paul Feron-Vrau était dépossédé de ses titres de propriété des locaux et du matériel de la Bonne Presse. Désireux de parer avant tout ce terrible coup qui pouvait amener la fin d'une œuvre féconde, notre directeur lançait dans la *Croix* du 15 janvier un appel s'adressant à tous les catholiques de France. Il les priait de ne pas laisser tomber ainsi une Maison dont l'unique but est de travailler pour que le règne du Christ arrive.

M. Paul Feron-Vrau proposait la création d'une Société par actions de 100 fr., dont le capital servirait soit à racheter son propre bien au liquidateur, soit à acquérir un nouvel immeuble ; il demandait deux millions : en quinze jours, on lui en offrait trois et demi. Toutes les classes de la société lui ouvraient leur bourse : la plus grande partie de l'épiscopat français, le clergé, la noblesse, la bourgeoisie, des ouvriers, des domestiques envoyaient leurs noms avec des souscriptions. Il fallut arrêter cet élan.

Grâce aux deux millions des 6 000 actionnaires, le rachat a pu s'opérer sans trop de difficultés, et M. Paul Feron-Vrau se trouve être le locataire d'immeubles dont la Société Jeanne-d'Arc est propriétaire.

Ces immeubles, dans le quartier des Champs-Elysées, couvrent une superficie considérable, et occupent les numéros 3 et 5 de la rue Bayard, 20, 22 et 22 bis, du cours Albert Ier.

En octobre 1909, la Société Jeanne-d'Arc s'est rendue acquéreur d'un ancien garage d'automobiles situé au 17 de la rue Jean-Goujon. Ce garage, mis à la disposition des services de l'imprimerie, en a développé l'action et amélioré le fonctionnement. Du fait de cette acquisition, le capital de la Société a été porté de 2 millions à 2 600 000 francs.

CHAPITRE II

Productions de la Maison de la Bonne Presse

1° PUBLICATIONS PERIODIQUES

« LA CROIX »

L'œuvre principale de la Maison de la Bonne Presse, c'est le journal *la Croix.*

Il fut créé le 16 juin 1883, au retour de la seconde croisade de pénitence aux Lieux Saints. Ce fut un bel acte de foi de mettre ainsi en tête d'un journal l'emblème du divin Sauveur. Les âmes timides s'effrayèrent ; on cria au scandale, et, après quelques mois, les fondateurs durent, malgré eux, enlever le crucifix du journal. Mais la *Croix* sans son crucifix ne pouvait plus être la *Croix,* et Dieu, qui avait donné à l'œuvre naissante une prospérité sans exemple, sembla lui retirer sa protection quand elle eut perdu son signe sacré. Les désabonnements vinrent en foule, et, pour sauver l'œuvre de la mort, les Pères de l'Assomption furent autorisés à remettre le crucifix sur le journal. Dieu veuille qu'il puisse y demeurer toujours !

De 1883 à 1900, il n'exista qu'un seul format, beaucoup plus réduit que le format des autres journaux. En 1900, on adopta le grand format, tout en maintenant le petit, qui fut réservé uniquement aux Comités de propagande. Enfin, il existait une édition à six pages depuis le 1er janvier 1907. De nombreux articles originaux, des documents, des bibliographies, une revue des grands journaux, une illustration abondante et soignée lui assuraient dans la presse une véritable supériorité.

Cette édition était spécialement recommandée à nos propagateurs, d'abord pour eux-mêmes. Ils essayaient aussi de la faire connaître parmi les personnes de leur connaissance ayant une formation intellectuelle suffisante pour y trouver profit.

Pendant la guerre, la crise du papier et de la main-d'œuvre imposait des simplifications. Il fallait adopter un seul format : on revint au petit format. Cela permit de satisfaire les Comités, grâce à l'édition n'ayant que 4 pages tous les jours et conservant des prix modiques, en donnant un tout complet. Et, en même temps, avec le supplément de 4 pages qui s'y encartait plusieurs fois par semaine, supplément intellectuel et documentaire, les légitimes exigences des abonnés directs eurent pleine satisfaction.

Dès le 25 mars 1919, une heureuse transformation s'opérait. Tout en conservant l'édition petit format, si utile pour établir des abonnements hebdomadaires à prix réduits, la *Croix* quotidienne a repris l'édition grand format, à 4 pages tous les jours. La troisième page de cette édition donne des chroniques tour à tour politique et religieuse, littéraire, scientifique, économique, sportive, dont la diversité forme un ensemble remarquable intéressant tout le grand public si varié de ses lecteurs.

En somme, la *Croix* s'efforce de donner par ses feuilletons, par ses nouvelles sûres et rapides, par ses études sur les travaux de la Chambre, les questions religieuses, sociales, économiques, agricoles, militaires, scientifiques, même les affaires commerciales, tout ce que le lecteur est en droit d'attendre d'un journal complet.

La *Croix* a l'ambition d'être le journal ouvert à tous les catholiques, c'est-à-dire qu'elle veut éviter avec soin de prendre fait et cause pour telle ou telle idée secondaire, pour tel ou tel groupement. Elle veut être le journal de tous et seconder chacun dans son zèle et suivant sa méthode, pourvu toutefois que la forme adoptée soit conforme aux enseignements et à la direction de l'Eglise.

Les fondateurs de la *Croix* se sont, en effet, tracé comme programme, d'aider, selon la faible mesure de leurs forces, la Papauté dans la sublime mission qui lui a été donnée. Ils ont mérité le beau nom de « zouaves du Pape ». Leurs successeurs ne veulent pas démériter. Ils s'efforcent toujours de travailler pleinement dans la direction et suivant les moyens voulus par leur Chef suprême. Rome est le phare qui les guide. Léon XIII a bien voulu approuver souvent cette ligne de conduite ; Pie X a daigné déclarer, en 1904, à M. Paul Feron-Vrau : « Je lis tous les jours la *Croix* et je ne puis en être plus satisfait. »

Et S. S. Benoît XV a fait au directeur de la *Croix*, en janvier 1919, un accueil non moins bienveillant. (1)

LA « CROIX DU DIMANCHE »

La *Croix du Dimanche* hebdomadaire, en plus du résumé des nouvelles de la semaine, donne, sous le nom de *Laboureur*, des renseignements très goûtés par les agriculteurs.

LE « PELERIN »

Le *Pèlerin* est la plus ancienne publication éditée par la Maison de la Bonne

(1) Voir, en appendice, « Quelques encouragements des Souverains Pontifes à l'Œuvre de la Bonne Presse ».

Presse. Il a subi, dans sa carrière, de nombreuses et heureuses améliorations. D'abord bulletin d'œuvres et organe des pèlerinages, de juillet 1873 à décembre 1876, il agrandit son format et devient journal illustré en 1877, et se revêt, en 1896, de brillantes couleurs. Aussi, ses progrès ont-ils été constants. Actuellement, c'est l'une des revues les plus goûtées et les plus répandues. Son tirage atteint 500 000 exemplaires et, avec les perspectives de propagande en Alsace-Lorraine, il dépassera bientôt largement ce chiffre. Qui ne connaît ses promenades humoristiques, ses romans choisis, ses portraits de personnalités marquantes, ses caricatures ?

LE « NOEL »

Ce nom est toute une évocation. La publication qui le porte et qui s'est mise ainsi sous le patronage de Jésus Enfant s'adressait à l'enfance et à la jeunesse. Fondé le 27 mars 1895, le *Noël* s'est rapidement développé. Après d'heureuses et successives améliorations, le *Noël* grandit et devint, au 1er janvier 1914, la revue hebdomadaire idéale pour les jeunes filles. Il a 32 pages de texte avec de nombreuses illustrations, Académie noëliste, Union noëliste, le tout sous une couverture en couleur très artistique.

L' « ÉTOILE NOELISTE »

Cette revue pour la jeunesse a été fondée le 1er janvier 1914. Son nom indique son but : c'est l'*Etoile* qui conduit au *Noël*. Ce gracieux hebdomadaire de 32 pages, contenant de nombreuses gravures en couleur, est une revue de luxe qui convient aux plus jeunes de la famille noëliste.

L' « ÉCHO DU NOEL »

Cette revue populaire a été créée le 11 février 1906, pour remplacer, dans les milles chrétiennes, les journaux illustrés n utres ou mauvais qui démoralisent l'enfa ce et la jeunesse.

lle est formée de 16 pages contenant de gravures en couleurs, de nombreuses hi toires et variétés.

LA « DOCUMENTATION CATHOLIQUE »

ette revue hebdomadaire de 32 pages, né en février 1919, a repris le programme des quatre revues documentaires que la Bonne Presse publiait avant la guerre : les *Questions Actuelles*, la *Chronique de la Presse*, l'*Action Catholique*, la *Revue d'Organisation et de Défense religieuse*, auxquelles elle ajoute des bibliographios et une très abondante information de l'étranger. La collection de cette revue est indispensable dans toute bibliothèque.

« CAUSERIES DU DIMANCHE »

Les *Causeries*, commencées en décembre 1897, développent chaque semaine un véritable cours de religion, parsemé d'exemples et d'anecdotes qui en font une publication populaire très attrayante. Cette publication illustrée, tout en étant très répandue, puisqu'elle tire à 150 000, n'est pas encore assez connue. Ce dont nous souffrons le plus en France, c'est de l'ignorance religieuse: les *Causeries* peuvent combattre très efficacement ce mal. Il en a paru déjà avant la guerre plus de 800 numéros, qu'on peut utiliser efficacement selon le mode indiqué au « Guide administratif ». Et la série a repris le 1er mars 1919. La rédaction de cette nouvelle série a été confiée à M. l'abbé Duplessy.

« VIE DES SAINTS »

La *Vie des Saints* donnait chaque semaine, avant la guerre, des récits vécus toujours très édifiants et parfois des pl s dramatiques.

Fondée en 1880, elle a déjà publié p s de 2000 *Vies* populaires, chacune or ée d'au moins une gravure, répandues pou la plupart à 500000 exemplaires.

La *Vie des Saints* a interrompu sa pu li-cation pendant la guerre, et ne l'a as encore reprise. Mais on peut utiliser le grand nombre de numéros non enc re épuisés, qui existent dans nos stocks. No re « Guide administratif » indique comment s'y prendre.

LES « CONTEMPORAINS »

Cette revue a donné chaque semaine, depuis le 16 octobre 1892, la vie d'une personne célèbre du siècle présent ou du siècl passé. Les *Contemporains* réalisent un collection unique, comprenant déjà plus d 1100 biographies très populaires, et dont chacune forme un roman vécu des plus intéressants.

« La publication des *Contemporains* — disait en saluant les débuts de cette œuvre M. l'abbé Simonis, ancien député alsacien au Reichstag allemand — nous présente les hommes (du siècle) en un court résumé de leur vie et de leur action. Elle nous donne leur portrait physique et leur portrait moral. Elle nous fait connaître le personnage, comprendre les événements, aimer passionnément le bien, haïr hardiment le mal. Avant peu, nous aurons là une galerie incomparable. Ce sera un musée vivant et parlant. »

Bien qu'interrompue depuis les débuts de la guerre, la série des *Contemporains*, dont un grand nombre de numéros existent encore en stock, est heureusement utilisée par nos propagateurs, de la façon indiquée à notre « Guide administratif ».

LIGUE DE L' « AVE MARIA »

a Ligue de l' « *Ave Maria* », fondée le 2 mars 1897, a pour but de recueillir des p ères et des sacrifices, soutien surnaturel et principal — de notre œuvre.

Le *Petit Journal bleu,* qui est l'organe de la Ligue, est le plus petit des journaux et probablement le moins cher de tous les organes de la presse périodique. Il est mensuel ; l'abonnement ne coûte que 0 fr. 25 par an.

Pie X a daigné accorder à la Ligue de l'*Ave Maria* une bénédiction spéciale. Et, récemment, S. S. Benoît XV, continuant les faveurs, a daigné honorer la Ligue de l'*Ave Maria* d'une lettre autographe très encourageante. Nous envoyons sur demande une image reproduisant le facsimilé de cette bénédiction.

« CROISADE DE LA PRESSE »

Fondée le 5 juin 1902, la *Croisade de la Presse* s'adresse à nos meilleurs amis, à l'élite de nos propagateurs, et leur donne chaque mois les nouvelles intimes de l'œuvre et tous les moyens de la développer. Toutes les ingéniosités de nos propagateurs y sont mentionnées.

Elle publie de nombreux documents sur la presse, notamment les actes officiels du Pape et de l'épiscopat, les enquêtes ou les articles les plus intéressants des autres journaux sur ce sujet. Elle est souvent illustrée.

« PRÊTRE ET APOTRE »

Cette revue sacerdotale mensuelle a remplacé, le 1er mars 1919, le *Prêtre aux Armées*, créé pour la guerre. Mais, tandis que le *Prêtre aux Armées* ne s'adressait qu'au clergé mobilisé, *Prêtre et Apôtre* est offert à tout le clergé de France.

Son but : fournir aux prêtres, outre des articles réguliers, des méditations, des réflexions appropriées à la liturgie, des indications pastorales, des conseils pour les missions, des plans d'insntructions, des lectures et une correspondance mutuelle.

ROMANS POPULAIRES

Sous cette dénomination paraît, chaque mois, depuis mars 1911, un roman complet de 8 à 9 000 lignes, contenues dans un volume de format portatif, avec une originale couverture en couleurs. Après quelques mois, le tirage était déjà arrivé à 150 000. Son immense succès, le plus grand de la librairie française, ne cesse de s'affirmer. Au foyer, au patronage, à la caserne en voyage, on voit ces romans dans toutes les mains.

« ÉCHOS D'ORIENT »

Les *Echos d'Orient* ont été fondés en octobre 1897, pour aider à l'union des Eglises orientales. Cette revue savante, et vraiment faite pour les hommes d'étude, donne des articles documentés sur toutes les questions concernant l'Orient chrétien et plus spécialement l'Orient gréco-slave, aussi bien dans le passé que dans les temps actuels. Elle est illustrée et depuis janvier 1912 a pris le format in-8°. Dans le monde savant, et particulièrement dans le monde ecclésiastique, elle est très appréciée et a déjà rendu de grands services.

« COURRIER DU LIVRE »

Le *Courrier du Livre* n'est pas, à proprement parler, une revue de la Maison de la Bonne Presse, mais il lui tient cependant par les liens les plus intimes, puisqu'il a pour directeur M. Berteaux, le directeur de son imprimerie.

Tous ceux qui, par profession, ont besoin

de renseignements techniques sur les choses de l'imprimerie, sont certains de les y trouver.

Observation importante

La plupart des publications périodiques dont il vient d'être question forment chaque année un ou plusieurs volumes dont le prix est indiqué dans le catalogue de librairie de la Maison de la Bonne Presse.

2° PUBLICATIONS ANNUELLES

« ALMANACH DU PÈLERIN »

Le plus connu des almanachs de la Maison de la Bonne Presse — né en 1879 — est l'*Almanach du Pèlerin*, célèbre par les lectures si intéressantes et apostoliques qu'il procure à peu de frais. Son tirage augmente chaque année ; il est près d'atteindre les 600 000. A signaler particulièrement ses très nombreuses illustrations en couleurs.

« MON ALMANACH »

Plus jeune que l'*Almanach du Pèlerin*, *Mon Almanach*, né en 1893, n'est pas moins intéressant que son aîné. Il contient une foule de renseignements pratiques, surtout au point de vue agricole, des histoires illustrées, de nombreux portraits.

CALENDRIER DE LA « CROIX »

Ce calendrier, que nous publions depuis 1888, a un but d'apostolat. Son sujet principal est le Christ en croix. Il permet donc, pour un prix très minime, de placer l'image de Notre-Seigneur Jésus-Christ dans toutes les maisons, à la place d'honneur de tous les foyers, chez le pauvre comme chez le riche, car sa composition artistique lui assure place partout. Son tirage dépasse 700 000.

Beaucoup de nos Comités le font donner par le porteur comme étrennes à leurs lecteurs.

« ANNUAIRE PONTIFICAL CATHOLIQUE »

Depuis 1898, un docte prélat, très averti de Rome et des ramifications de l'arbre plein de sève qu'est le Saint-Siège, Mgr Battandier, publie chaque année, sous le titre d'*Annuaire pontifical catholique*, un gros volume de 700 à 800 pages, avec de nombreuses illustrations, donnant les renseignements les plus utiles et les plus précis sur la vie actuelle de l'Eglise, sur le Pape, les cardinaux, les évêques, les Ordres religieux, les prélats, les Congrégations romaines, les camériers, les décorés pontificaux, etc. Les listes et statistiques sont tenues à jour avec un soin minutieux, s'enrichissant chaque année de nouveaux détails. Mais l'*Annuaire* n'est pas seulement une nomenclature précieuse ; ce qui ajoute à sa valeur, ce sont ses articles spéciaux d'histoire, de liturgie ou d'érudition.

CALENDRIER DES INDULGENCES PLÉNIÈRES

Cette publication, d'un prix inestimable pour le chrétien, à qui elle permet de soulager les âmes du Purgatoire, a été fondée en 1909. Elle paraît désormais à la fin de chaque année, en douze fascicules séparés, chacun formant un mois. Un treizième fascicule, qui sert de couverture aux autres, indique la manière de puiser dans ces trésors. Il résume un petit volume portant le même titre et que l'on trouvera inscrit au catalogue de la librairie.

3° PRODUCTIONS DIVERSES

LIBRAIRIE

Aux journaux et revues sont venues s'ajouter d'autres productions qui complètent l'œuvre de la Maison de la Bonne Presse et permettent d'atteindre plus complètement le but poursuivi. La première est la librairie.

Le but principal de ses fondateurs a été surtout l'enseignement de la religion et la diffusion de l'Evangile. Depuis ses débuts, innombrables sont les exemplaires de diverses éditions de l'Evangile qui ont été répandus par la Maison de la Bonne Presse.

Mais cela ne suffisait pas. A aucune heure on n'a autant lu qu'actuellement ; trop de livres paraissent qui combattent la religion, outragent la morale. Il s'agissait de faire pièce aux volumes impies ou aux attaques des sceptiques, en défendant la religion et en la faisant mieux connaître. La Bonne Presse a même eu l'ambition de fournir une nourriture intellectuelle aux enfants par ses livres d'étrennes, à la jeunesse par ses prix, aux Cercles d'études par ses ouvrages religieux, sociaux ou agricoles, enfin à tous par ses livres récréatifs, romans, variétés, voyages, etc.

Ainsi, peu à peu, ce service a connu la prospérité ; actuellement, il est en pleine floraison. Quelques chiffres de tirage : le *Catéchisme en Images populaire*, avec texte en regard : 280 000 ; le fascicule illustré sur la *bienheureuse Jeanne d'Arc:* 1 500 000; le *Petit Catéchisme du Mariage*, du P. J. Hoppenot: 100 000; la *Vie de Jeanne d'Arc* (deux volumes à 25 francs), de Mgr Debout: 12 000 (une nouvelle édition se prépare à l'occasion de la prochaine canonisation).

La Maison de la Bonne Presse a lancé

avec grand succès trois collections de romans qui se sont imposées dans toutes les librairies : la *Nouvelle Série Bijou*, à 1 franc, tirage: 400 000; la *Nouvelle Bibliothèque pour Tous*, collection de romans illustrés à 2 francs : 1 600 000 ; les *Romans populaires* à 40 centimes, dont le tirage mensuel est de 150 000.

IMAGERIE

Encore un service qui a devant lui un grand avenir. C'est que l'imagerie vient très utilement en aide à la librairie pour la propagande religieuse. Sa publication principale est le *Catéchisme en Images*, magnifique série de 70 grands tableaux en chromolithographie donnant en détail l'histoire de notre sainte religion et rapprochant les réalités de l'Evangile des figures de l'Ancien Testament. Cette œuvre magistrale, qui a demandé plusieurs années de travail, a exigé une dépense considérable. Le succès a couronné cette entreprise au delà de toutes les espérances.

Plusieurs œuvres d'art sont venues s'inscrire au Catalogue de l'imagerie : reproduction en trois couleurs de toiles célèbres d'Ingres : l'une représente la *bienheureuse Jeanne d'Arc;* la seconde est un ravissant cachet de première Communion, la Vierge à l'hostie ; une reproduction de Raphaël représentant saint Michel.

Puis le *Calvaire*, belle estampe en couleurs, destinée aux paroisses, aux œuvres, aux familles, pour inscrire les noms de leurs morts au champ d'honneur.

Un Sacré Cœur artistique, pour l'intronisation dans les familles chrétiennes.

Nous éditons aussi des séries de cartes postales qui obtiennent un succès croissant. Ces cartes reproduisent des vues de projections obtenues, la plupart, par la pose de sujets vivants : ce sont donc de vrais tableaux, qui font de nos séries un ensemble artistique du meilleur goût.

PROJECTIONS ET ANNEXES

C'est toujours dans le même esprit de propagande religieuse que s'est fondé un important service qui groupe les projections, les cinématographes, la photographie et la polycopie.

Les *Projections* sont le complément très utile et souvent nécessaire des conférences. L'image a une puissance particulière pour attirer et pour instruire. C'est ce qui explique le succès croissant de ce service. Préoccupé de tout ce qui peut contribuer à attirer le peuple et à l'instruire, il crée sans cesse des séries nouvelles de vues. On lui doit deux écrans lumineux, des perfectionnements sérieux dans les appareils, plusieurs modes d'éclairage ; actuellement, il exploite de nombreux brevets. Malgré ses efforts multipliés, il ne peut suffire à toutes les demandes, et son champ d'action s'étend chaque jour davantage.

Le *Cinématographe*, qui entre de plus en plus dans nos mœurs, a fait beaucoup de mal. Mais il peut aussi accomplir beaucoup de bien. La Bonne Presse a donc adopté ce mode de propagande. Jusqu'à présent, elle a négligé les scènes comiques pour travailler les drames religieux ; ainsi est née, en 1909, une *Passion* qui est très admirée; d'autres aussi ont paru, ce sont : le *Pèlerinage de Lourdes*, *Jeanne d'Arc*, des scènes bibliques, plusieurs vies de saints.

L'organisation d'un service très complet de *Photographie* a été rendue nécessaire à la Maison de la Bonne Presse par le développement des projections et l'abondance des illustrations qui remplissent ses revues. Les photographes sont donc chargés d'opérer dans les bibliothèques, au Cabinet des Estampes, aux expositions intéressantes, etc. Le travail le plus considérable de ce service a été l'illustration de la grande *Vie de Jeanne d'Arc*, à laquelle un opérateur a consacré six mois consécutifs, suivant pas à pas le chemin de Jeanne à travers l'est et le centre de la France.

Le rayon de *Polycopie*, si utilisé pour les Bulletins paroissiaux, a fait son apparition dans l'œuvre à la fin de 1907 ; il prospère et rend des services pratiques à de nombreux bulletinistes. La polycopie a de très grands avantages, car elle permet de faire, presque sans frais, des suppléments hebdomadaires gratuits à la *Croix* et au *Pèlerin*, en donnant des nouvelles paroissiales ; et c'est bien le système de Bulletin paroissial de tous le plus pratique, le plus rapide, le moins coûteux.

PHOTOGRAVURE

De plus en plus, le public exige des illustrations ; il en veut dans les revues, les livres et jusque dans le journal quotidien, d'où elles semblaient exclues par l'obligation de donner une information rapide. Il a donc fallu créer un atelier spécial de photogravure, qui se trouve être une des parties de la Maison les plus intéressantes à visiter. C'est grâce à lui que nous pouvons donner dans la *Croix* quotidienne, comme, d'ailleurs, dans presque toutes les publications périodiques et de nombreux volumes, des illustrations très appréciées de nos lecteurs. Similigravures et traits sortent en grand nombre de cet atelier.

Le service de photogravure travaille pour le dehors, pourvu, toutefois, que le travail demandé soit conforme à l'esprit de la Maison.

Les anciens clichés typographiques, dont on peut se procurer le catalogue, sont mis de même, pour des prix très abordables, à la disposition de ceux qui désireraient s'en servir.

IMPRIMERIE

De l'imprimerie sortent, sans exception, les journaux et revues de la Maison, tous les livres inscrits au Catalogue, les imprimés commerciaux, enveloppes, bandes, etc., sans parler des brochures et opuscules, et même de travaux de ville exécutés pour le dehors.

Les rotatives s'alignent, majestueuses, dans un vaste atelier aménagé en 1909. Tous les soirs, de 4 à 7 heures, elles font un bruit énorme qui est loin d'être stérile, ainsi que l'atteste le million de lecteurs de la *Croix* quotidienne. Un autre atelier contigu abrite les machines plates ou de labeur, plus aptes aux tirages soignés et aux impressions de luxe.

4° CATALOGUES ET MANUELS

CATALOGUES

Du reste, pour connaître l'ampleur et la variété de nos productions, tous nos amis devraient posséder au moins un exemplaire de nos *catalogues*. En voici l'énumération :

Catalogue de la Librairie, très bien divisé, exposant toutes les ressources offertes à nos amis pour leur apostolat par les bons livres ;

Catalogue de l'Imagerie, 20 pages avec reproductions d'images et gravures ;

Catalogue des Projections, qui, pour le moment, comprend le catalogue B, des vues ; et tous les prospectus concernant les appareils et accessoires.

Catalogue des numéros parus des « Causeries du dimanche » ;

Catalogue des « Vies des Saints » ;

Catalogue des « Contemporains ».

Ces catalogues sont offerts *gratis* et *franco* sur demande, sauf le *Catalogue des Projections* fascicule B, qui n'est envoyé que contre 1 franc.

Pour permettre aux propagateurs de connaître très complètement l'Œuvre de la Bonne Presse, nous avons édité tout un ensemble de brochures. Ces Manuels sont mis *gratuitement* à la disposition des personnes de bonne volonté.

Voici la liste de ces brochures :

Le Manuel de Propagande, C'est le présent Manuel. Son but est de donner la connaissance complète de l'Œuvre de la Bonne Presse, son histoire, son organisation, ses productions ; et d'initier aux méthodes de propagande des Comités, à toutes les multiples et ingénieuses combinaisons créées pour atteindre les lecteurs des villes comme ceux des hameaux les plus reculés.

Le *Guide administratif* complète la brochure précédente, en donnant tous les renseignements administratifs pratiques concernant les publications, leurs conditions et tarifs de propagande, leur réception, leur distribution, en un mot, tout ce que le Comité doit connaître pour sa comptabilité et ses rapports avec notre administration.

Les Catholiques et la Presse, par PAUL FERON-VRAU, brochure destinée à éclairer les catholiques sur leurs devoirs à l'égard de la presse.

Le Clergé et la Presse, par le chanoine MASQUELIER (*Cyr*), directeur de la *Croix du Nord*. Ce manuel expose les ravages de la mauvaise presse, et les moyens de les combattre.

Les Dames et la Presse, renseignements destinés à montrer aux dames comment elles peuvent travailler, par la propagande de la presse, au relèvement moral et religieux de notre pays.

La Jeunesse et la Presse, manuel des jeunes gens, spécialement des Chevaliers de la *Croix* et des Pages du Christ, qui travaillent à la propagande de la bonne presse.

Documents sur la Ligue de l' « Ave Maria », donnant tous les renseignements uiles pour fonder et organiser la *Ligue de l' « Ave Maria »*.

Les Comptes rendus des derniers Congrès de la Bonne Presse, précieux à consulter, et dans lesquels on trouve en même temps l'expérience des aînés, des exemples de dévouement toujours actifs et des encouragements autorisés.

DEUXIÈME PARTIE

Méthodes de propagande

CHAPITRE PREMIER

Avant la propagande

On verra dans notre *Guide administratif* (1) nos tarifs de propagande et les multiples combinaisons qui s'offrent au zèle des propagateurs. Mais la plupart du temps, ce n'est pas la bonne volonté qui manque ni les instruments de bien qui font défaut ; les hésitations, les échecs, viennent de ce que l'on ne connaît pas suffisamment la manière dont il faut s'y prendre. Il sera donc très utile d'étudier les méthodes de propagande qui ont le mieux réussi. L'expérience vécue sera notre meilleur guide.

I

LES CONCOURS A TROUVER

Toute personne décidée à entreprendre autour d'elle une propagande de bonne presse doit commencer par examiner sur quels concours elle peut compter.

(1) Le *Guide administratif* est envoyé gratuitement à ceux qui le demandent.

1° LES CONCOURS SURNATURELS

Il en est un qui ne lui fera jamais défaut, et auquel elle doit s'adresser en premier lieu : c'est celui de la divine Providence.

Comme toutes les œuvres d'apostolat, cette propagande ne peut prendre d'accroissement et donner de résultats qu'avec la bénédiction de Dieu. Elle vise à rechristianiser la France ; elle doit donc commencer par demander le secours de Celui qui peut seul éclairer les esprits et toucher les cœurs.

Que le propagateur attire donc tout d'abord la bénédiction de Dieu sur ses efforts par la prière, par la communion, par la célébration ou l'audition du Saint Sacrifice de la Messe. Qu'il prépare toute propagande par une neuvaine, à laquelle seront conviés les enfants des écoles, des patronages et des catéchismes.

L'idéal sera l'organisation permanente de la prière, de préférence sous la forme tout indiquée de la Ligue de l'*Ave Maria.*

La Ligue de l' « Ave Maria »

Le rôle de ce groupement de prières, fondé en 1888, qui est une branche de la grande *Association de Notre-Dame de Salut,* est notamment d'assurer le secours de Dieu aux Comités de la Bonne Presse, de leur susciter des dévouements et de leur procurer par surcroît de très utiles ressources par de petites cotisations volontaires des membres de la Ligue. En voici le règlement :

RÈGLEMENT DE LA LIGUE DE L' « AVE MARIA »

But. — S'unir dans une croisade nationale de prières :

Pour demander le salut de la France par son retour à Dieu, de bonnes élections, l'entente des catholiques ;

Pour réparer le mal fait par la mauvaise presse et obtenir la diffusion de la bonne presse.

Conditions. — Réciter chaque jour un *Pater* et un *Ave*, qui peuvent être ceux de la prière du matin et du soir, avec l'invocation : *Notre-Dame de Salut, priez pour nous ;*

S'engager à ne jamais acheter ni lire, sans de graves raisons, une publication (journal, revue, brochure, livre) qui attaque la religion ou la morale ;

Travailler à détourner les autres des mauvaises lectures et à répandre la bonne presse ;

Recevoir le petit *Journal bleu*, soit en s'abonnant à Paris, 5, rue Bayard (0 fr. 25 par an), si l'on est isolé, soit en donnant son nom et sa cotisation d'abonnement à un zélateur, s'il est possible de se grouper par dizaine (1).

Organisation par zélateurs. — Il est, en effet, facile à toute personne de bonne volonté de grouper au moins dix adhérents à la Ligue et de recevoir pour eux, à prix réduit, les exemplaires du *Journal bleu*, qu'elle leur distribue elle-même chaque mois. Dix abonnements servis à une même adresse ne coûtent que 1 franc par an ; chaque abonnement supplémentaire, 0 fr. 10 par an.

Organisation par Comités. — Les zélateurs de chaque ville sont invités à former entre eux, autant que possible avec le concours d'un prêtre, un Comité local de la Ligue de l'*Ave Maria.*

---

(1) Ces conditions sont reproduites à la 4e page d'une image de Notre-Dame de Salut, que nous envoyons gratuitement sur demande. Les adhérents sont invités à inscrire leur nom au bas de l'image et à la conserver en souvenir des engagements de la Ligue.

Le rôle de ce Comité est de faire une propagande méthodique et persévérante en faveur de la Ligue ; de faire célébrer à ses intentions, aussi souvent que ses ressources le lui permettent (autant que possible chaque mois), des Messes auxquelles il invite tous ses adhérents et de leur demander des prières dans toutes les grandes circonstances de la vie nationale.

Des réunions mensuelles de *zélateurs* assurent la marche du Comité et son développement.

Sou mensuel de la bonne presse. — Dans certains centres où la propagande de la bonne presse a besoin de quelques ressources, des groupes de la Ligue ont pris la résolution de payer leur *Petit Journal bleu* 0 fr. 05 par mois au lieu de 0 fr. 10 par an. Ils peuvent ainsi constituer un fonds de caisse qui représente 0 fr. 50 par an et par personne, et dont le concours vient très efficacement en aide, soit pour faire célébrer la Messe mensuelle, soit pour étendre davantage l'œuvre de la bonne presse.

Avec ses ressources régulières, le Comité peut faire, en effet, les frais de conférences et de propagandes gratuites, donner des abonnements à prix réduit aux familles pauvres, distribuer des primes aux lecteurs des bons journaux, soutenir un bulletin paroissial, monter une bibliothèque catholique, etc.

Comités régionaux. — Pour développer encore leur action, ces Comités ont intérêt à se grouper par canton, par arrondissement ou par département, de façon à pouvoir entreprendre une propagande d'ensemble, à créer des Comités de la Ligue et des centres de diffusion de la bonne presse là où il n'y en a pas, à organiser des tournées de conférences et des réunions de travail pratique, etc.

Supplément local du « Journal bleu ». — Lorsque des Comités, ainsi groupés, arrivent à prendre chaque mois un minimum de 5 000 numéros, ils ont le droit d'avoir, sans augmentation de prix, une chronique locale spéciale pour eux dans le bulletin de la Ligue. L'avant-dernière page du *Journal bleu* peut être consacrée, sur leur demande, à leurs comptes rendus particuliers, à condition que la copie en soit envoyée avant le 1er de chaque mois, pour le numéro du mois suivant.

Indulgences. — Par un acte du 14 mars 1894, la Ligue a été affiliée à l'Association de Notre-Dame de Salut et participe aux indulgences accordées ou confirmées par *Lettres apostoliques* de S. S. Benoît XV, à la date du 23 janvier 1919 :

Indulgences plénières. — Le jour de l'inscription, à l'article de la mort, aux fêtes de l'Immaculée-Conception (8 décembre), de la Nativité de la Sainte Vierge (8 septembre), de Saint Joseph (19 mars), de Notre-Dame de Lourdes (11 février), Annonciation (25 mars), Assomption (15 août) et Noël (anniversaire du baptême de la France), et douze fois l'an (une fois par mois) aux jours choisis par chacun et aux conditions ordinaires (confession et communion).

Indulgences partielles : 300 *jours* « pour tout acte de piété et de charité accompli d'après les règlements de l'Association », sans autre obligation. — Et 300 *jours* pour toute réunion de l'œuvre.

Toutes ces indulgences plénières et partielles (sauf l'indulgence plénière à gagner à l'article de la mort) sont applicables aux défunts.

2° LES CONCOURS HUMAINS

La prière mise à la base de l'œuvre, comme si tout dépendait de Dieu, il faut maintenant agir comme si tout dépendait de nous.

Sachant que l'union fait la force, et par conséquent procure le succès, le propagateur désireux d'obtenir un plein rendement va se mettre d'abord à la recherche d'auxiliaires dévoués. Et, avec eux, il essayera d'organiser un Comité de propagande.

Formation d'un Comité

Où les trouvera-t-il, ces auxiliaires ? De quels éléments le composera-t-il, ce Comité ?

Suivant l'adage que ce sont toujours les mêmes qui se font tuer, surtout à notre époque où les vraiment dévoués se comptent, le Comité de presse sera souvent, en changeant simplement le nom, un Comité déjà constitué.

Le Comité paroissial, par exemple, ou tout au moins une section de ce Comité qui se spécialisera dans la presse.

Quand une Ligue féminine, Ligue patriotique des Françaises, Ligue des Femmes françaises, existe dans la ville ou dans la paroisse, son Comité de dizainières est tout désigné pour assumer la charge d'être aussi le Comité de presse. Double avantage : éviter une création superflue, s'assurer des zélatrices déjà aguerries par leurs visites à domicile.

Groupes de la jeunesse catholique, Comités locaux des *Noëlistes,* enfants de Marie, peuvent aussi fournir les éléments d'un excellent Comité de presse.

Si rien de tout cela n'existe encore, parmi les hommes zélés, les jeunes gens, les dames pieuses et même les jeunes filles, en faisant appel à leur esprit d'apostolat, il sera toujours possible de recruter un Comité de presse, n'eût-il que trois ou quatre membres.

Ainsi que l'a prouvé l'expérience, les Comités de dames et de jeunes filles, dirigés par un prêtre zélé, ne sont pas ceux qui donnent le moins de résultats pratiques.

Par ailleurs, pour que le Comité marche bien, point n'est indispensable de le munir d'une surabondance de titulaires honorifiques : président, vice-président, trésorier, secrétaire, etc. Mais, des membres actifs sur lesquels on puisse réellement compter; un secrétaire, dame ou jeune homme, ordonné et vraiment dévoué pour le travail pratique ; un directeur, prêtre, âme de l'œuvre et communiquant à tous sa flamme d'apostolat, voilà le Comité idéal.

Et celui qui s'est profondément convaincu de l'importance capitale des œuvres de presse, s'il juge nécessaire un tel Comité et s'il le veut résolument, celui-là pourra toujours réussir à le constituer.

En cherchant ces concours, le propagateur ne se laissera pas rebuter par les difficultés. Il doit s'attendre à trouver sur son chemin de nombreux obstacles, et être décidé à les vaincre avec la grâce de Dieu. La lecture habituelle de la *Croisade de la Presse,* l'étude des revues et des documents qu'il pourra recevoir de Paris, en particulier les comptes rendus de nos Congrès annuels, l'expérience acquise par les uns et les autres, le mettra à même de résoudre ces difficultés, d'ordinaire assez peu graves. On lui parlera du crucifix, que quelques-uns estiment à tort un obstacle à la propagande (sans son crucifix, la *Croix,* restant aussi profondément catholique, ne serait guère mieux acceptée, elle trouverait moins de concours et surtout ferait moins de bien). On lui dira que les catholiques seuls lisent la *Croix* (les faits prouvent que, grâce à son bon marché, elle entre partout; n'atteignît-elle que les catholiques, elle aurait encore l'avantage de les préserver et de leur faire du bien); que le maximum de diffusion a déjà été atteint (il y a de nombreux exemples de succès inespérés, couronnant toujours toute nouvelle propagande bien faite), etc.

Ces objections sont parfois des prétextes inspirés par le manque de courage ou de confiance. Le propagateur cherchera à exciter le zèle en faisant comprendre l'importance apostolique de la bonne presse. Il rendra courage et inspirera confiance en montrant, par le récit de ce qui s'est fait ailleurs, que le succès n'est pas impossible. Une réunion intime des éléments les plus zélés de la paroisse, réunion provoquée tout exprès, ou, le plus souvent, à l'occasion du passage d'un délégué de la *Croix*, permettra de faire cet appel à l'apostolat. Et toujours, à pareil appel, quelques personnes de bonne volonté viendront d'elles-mêmes offrir leur dévouement pour constituer le Comité de propagande.

Réunions du Comité

Sur l'acte de naissance du Comité de presse, inscrire en premier article, comme garantie de sa vie et de son activité, l'obligation de tenir des réunions à époque fixe : toutes les semaines, tous les quinze jours, tous les mois ou tous les trois mois, selon l'importance de la localité et de son œuvre de presse.

Pour que cet article du Comité ne paraisse bientôt surérogatoire, parce que les réunions semblent inutiles vu « qu'on n'y fait rien », et que conséquemment elles sont peu intéressantes — donc à éviter, —

le propagateur devra mettre en jeu toutes les ressources de son tempérament apostolique et l'ingéniosité de son zèle pour susciter et utiliser les dévouements suivant les aptitudes de chacun. Il sera donc l'âme de ces réunions, et, pour les rendre intéressantes et efficaces, il les préparera soigneusement par une série de questions à traiter, judicieusement dressée, de façon à bien alimenter et diriger les discussions.

Pour l'aider dans ce travail, voici l'esquisse d'un programme des réunions du Comité de presse.

Elaborer le tableau de propagande de la paroisse.

Le remettre sans cesse à jour.

Recenser les bons et les mauvais journaux.

Voir quelles sont les familles mûres pour un essai de propagande, celles en particulier qui vont terminer l'abonnement à leur mauvais journal.

S'informer, pour relancer une propagande de la bonne presse, de la cessation d'un feuilleton en vogue du mauvais journal. Savoir en profiter.

Demander quelles sont les familles nouvellement installées dans la paroisse.

Chercher le visiteur de bonne volonté et le mieux placé, pour leur proposer sans retard nos publications.

Noter les déménagements et changements d'adresse.

Constater et annoter sur les registres *ad hoc* les désabonnements, les réabonnements et les nouveaux abonnements.

Pour les désabonnements, demander au propagateur qui avait fait l'abonnement dans les familles qui font défection de leur faire visite, pour essayer de les faire revenir sur leur décision ; souvent, c'est un grain de sable qui s'est mis dans l'engrenage de leur bonne volonté, et il suffit parfois de souffler dessus pour guérir tout le mal.

Imposer au porteur l'obligation d'avertir un des membres du Comité dès qu'un désabonnement se produit, pour permettre d'y remédier sur-le-champ.

Dresser le bilan des recettes et des dépenses.

Statuer sur l'opportunité de la radiation des abonnés, mauvais payeurs incorrigibles, qui grèvent le budget de la caisse.

Rendre compte des plaintes entendues au sujet soit des publications, soit du colportage défectueux.

Aviser aux moyens d'y porter remède.

Rapporter les éloges entendus, les changements d'idées remarqués et attribués aux bonnes lectures.

S'entendre sur les chances de réussite d'une nouvelle propagande à tenter, sur une propagande de nouvelles publications, sur la vente des romans, des almanachs, etc.

S'ingénier à trouver de nouvelles combinaisons de propagande.

Organiser une fête de presse, une tombola, une conférence.

Etudier l'opportunité d'une distribution gratuite de tracts ou de petites brochures d'actualité.

Discuter sur la possibilité de fonder une salle de lecture, une bibliothèque, un dépôt de bonne presse.

Donner les résultats des enquêtes sur les kiosques, librairies, bibliothèques des gares.

Voir l'utilité de mettre nos publications dans les cafés, les salons de coiffure.

Entreprendre ou surveiller l'œuvre des bons journaux lus.

S'intéresser au bon fonctionnement de la Ligue de l'*Ave Maria*, à la distribution régulière du petit *Journal bleu*.

Lire, commenter la *Croisade de la Presse*.

Concerter d'intéressantes réponses au *Questionnaire* annuel du Congrès, etc.

On ne peut signaler toutes les questions à traiter dans une réunion de Comité de presse : les circonstances suggéreront celles qui méritent un examen plus spécial.

Ce bref et sec exposé suffit cependant, croyons-nous, pour démontrer que ces réunions ont ample matière à être toujours intéressantes et donnent au Comité une idée de son importance, lui prouvent la nécessité de son existence, que, réellement, il vit puisqu'il agit, et que sa raison d'être s'affirme par des résultats tangibles.

Il démontre aussi que la propagande organisée dans tous ces multiples détails, par un Comité zélé, pourra réaliser des progrès rapides, autrement impossibles si l'œuvre était restée à la charge d'un seul.

Et pourtant, s'il devait en être de la sorte, si le Comité, faute d'éléments, ne pouvait être constitué, le propagateur unique ne devrait pas se décourager. Bien des amis nous ont écrit : « Je constitue seul mon Comité. » L'œuvre de la presse a, en effet, cet avantage qu'une seule personne, avec de l'initiative et de la bonne volonté, peut y faire énormément de bien. Nous pourrions citer des propagatrices infirmes qui, du fond de leur chambre, dirigent, à elles seules, la propagande. Dans plus d'une petite commune, l'unique membre du Comité est le porteur ou la porteuse du journal.

Mais il est toujours préférable d'intéresser le plus grand nombre possible de personnes à la diffusion du bon journal.

II

PREMIERS PREPARATIFS DE PROPAGANDE

Aussitôt fondé, le Comité se met à la besogne. La première question qui se présentera à son attention sera :

1° LE CHOIX DES PUBLICATIONS A RÉPANDRE

Dans une ville où n'existe encore aucune organisation, le propagateur cherchera d'abord quelle est la publication qui offre le plus de chances de succès. Cela dépend de la situation de la ville, plus ou moins importante, plus ou moins éloignée de Paris, plus ou moins bien desservie par le chemin de fer, plus ou moins chrétienne.

Depuis la guerre, l'habitude du journal quotidien s'est tellement développée qu'il ne faut pas hésiter à répandre partout la *Croix* quotidienne. Même si les journaux quotidiens ne pénètrent pas encore beaucoup dans la commune, cette diffusion sera un préservatif excellent. Bien souvent, en effet, on se fait illusion sur ce point. Nous avons entendu des prêtres nous répondre : « On ne lit pas dans ma paroisse », et une courte enquête démontrait peu de temps après le contraire.

On pourrait, en cas d'échec du quotidien, faire un choix parmi les publications hebdomadaires (1). La plupart des Comités ont fait leur percée et trouvé leur premier succès en lançant, comme avant-coureur

(1) Un conseil pratique : autant que possible, ne pas lancer la propagande simultanée de plusieurs publications ; cette multiplication peut créer de la confusion et nuire au succès. Il vaut mieux procéder par étapes successives.

de toute autre propagande, le *Pèlerin*. Avec ses gravures en couleurs, ses anecdotes, ses feuilletons attrayants, il constitue, en effet, un instrument, précieux entre tous, de pénétration populaire. Il passe partout... et derrière lui fera plus tard passer la *Croix*.

La *Croix du Dimanche*, surtout s'il existe dans le département une *Croix* régionale la complétant par des nouvelles locales, et se vendant avec elle, aura du succès dans les milieux agricoles.

L'*Echo du Noël* fera les délices des enfants des écoles, du catéchisme, du patronage. Tous ces enfants devraient avoir l'occasion de connaître l'*Echo du Noël*.

Ces publications hebdomadaires peuvent facilement se vendre à la porte des églises et de tous lieux d'assemblée, si tel est le système de vente qu'envisage le Comité.

Les *Causeries du Dimanche* ou les *Vies des Saints* seront une parfaite récompense de catéchisme; les *Causeries* surtout, judicieusement choisies à l'avance (1), pourront compléter et prolonger dans la famille la leçon du catéchiste. Il est bon de remarquer, en effet, que les *Causeries du Dimanche* et les *Vies des Saints*, comme d'ailleurs les *Contemporains*, ne portent pas de date. On peut donc, pour ces publications, employer deux systèmes : ou bien recevoir chaque semaine, comme pour les autres publications, le numéro qui vient de paraître, ou acheter en stock d'anciens numéros, ce qui permet de réaliser une notable économie sur le prix du port. Notre « Guide administratif » donne à ce sujet toutes les indications pratiques.

---

(1) Les *Causeries* déjà parues forment 14 volumes qu'il est utile d'avoir sous la main pour y choisir les fascicules qu'on désire distribuer.

2° PRÉVISIONS D'UN BUDGET

La première disposition à prendre pour un Comité qui veut faire œuvre durable est d'établir son budget sur de bonnes bases. A moins qu'il ne dispose de ressources *spéciales et permanentes*, il aura soin de fixer, pour la *Croix* ou pour l'ensemble des publications qu'il répand, un tarif de vente qui suffise à payer ses dépenses.

Nous ne saurions, en effet, trop le répéter: les Comités qui marchent le mieux, et surtout le plus longtemps, sont ceux qui font leurs frais et ne dépendent, par conséquent, d'aucune générosité susceptible de se lasser. L'idéal sera même de réaliser quelques petits bénéfices, pour parer aux divers aléas qui peuvent surgir et pour relancer des propagandes périodiques. En un mot, une œuvre de presse bien conduite peut et doit se suffire à elle-même. Nous en connaissons une qui, pendant la guerre, dans une ville bombardée, a pu mettre de côté plus de 3 000 francs en vue de ses propagandes ultérieures.

Mais, pour cela, il faut avoir soin de bien établir le budget des dépenses et des recettes.

Les dépenses

Les dépenses se composent :

a) Du prix d'achat des publications, tel qu'il est indiqué pour chacune dans notre « Guide administratif » ;

b) Du prix du port. Ce prix, qui varie selon que l'expédition est faite par la poste ou par colis postal en gare, et, dans ce dernier cas, selon le nombre d'exemplaires contenus dans le colis, se trouve expliqué dans le même « Guide administratif ». Il l'est de façon si complète et si détaillée, que le propagateur peut facilement calculer à combien lui revient *exactement* le port de chaque exemplaire ;

c) Du salaire du porteur, si la distribution est faite par un porteur. Ce salaire doit toujours être établi proportionnellement au nombre des publications distribuées ;

d) Des frais de correspondance avec la Maison de la Bonne Presse et d'envoi d'argent chaque mois ;

e) Du loyer des bureaux ou du magasin de vente, quand ces charges existent.

Les recettes

Les recettes comprennent :

a) Le produit de la vente de la *Croix* et de nos autres publications périodiques.

Comment notre Comité établira-t-il ces prix de vente, et à quel taux ? Nous nous permettons de donner ici à nos Comités un conseil très important : c'est d'adopter le système qui a le plus contribué au succès de la *Croix*, celui des abonnements *hebdomadaires* à prix réduits, de façon à faire payer les lecteurs par petites sommes à la fois, et moins cher que ceux des autres quotidiens.

Certains Comités, grâce à des subventions particulières ou à des prodiges d'économie, ont pu établir l'abonnement hebdomadaire à un prix très minime. Ils ont été récompensés par une plus grande diffusion, beaucoup de personnes étant séduites par le bon marché du journal. *Mais il ne faut fixer ces prix minimes que si l'on est sûr de pouvoir les maintenir, car rien n'est plus désastreux que d'être forcé à un moment donné de les relever. Le mécontentement fait perdre alors plus d'abonnés qu'on n'en avait gagné par le bon marché.*

Souvent, à côté des abonnements hebdomadaires à prix réduit du petit format, on établit des abonnements au grand format à un prix plus élevé, abonnements hebdomadaires, ou mensuels, ou trimestriels, ou même annuels. Le bénéfice qu'on peut faire ainsi permet de réduire le prix du petit format.

Certains Comités préfèrent, pour plus de simplicité dans les recouvrements, faire payer au mois tous leurs lecteurs. C'est aussi un moyen pour avoir moins de fluctuations dans les chiffres des commandes.

Nous les laissons complètement libres d'établir eux-mêmes leur mode de payement et leurs tarifs.

Nous leur répétons seulement le conseil d'établir des prix qu'il n'y ait plus besoin de relever, pour qu'ils suffisent à équilibrer le budget. Et nous ajoutons cet autre conseil : *autant que possible*, faire payer d'avance, pour éviter les risques de non-payement et d'invendus.

b) La vente de notre librairie, de notre imagerie et de nos projections, procure à la plupart de nos Comités, une autre source de bénéfices. Nous leur accordons, en effet, sur nos productions de librairie et d'imagerie une remise de 25 %. Et, comme la plupart de ces Comités ont l'avantage de recevoir de la Maison de la Bonne Presse un colis quotidien ou hebdomadaire, il leur est facile de faire venir rapidement et presque sans augmentation de port, les volumes demandés par leurs lecteurs.

Pour susciter ces demandes, il est bon de choisir parmi les abonnés ceux qui sont à même d'effectuer ce genre d'achats, et de leur mettre entre les mains nos catalogues. Dans certaines villes, on encarte périodiquement, dans les publications distribuées, un prospectus très visible disant à peu près ceci : « Tous les livres qui paraissent à la Bonne Presse, et que vous voyez annoncés dans la *Croix*, peuvent vous être procurés par notre Comité, au prix annoncé, ce qui vous évitera tous frais de correspondance, de port et d'envoi d'argent à Paris. » En donnant au porteur du journal un petit bénéfice sur cette vente, on est sûr de réussir.

Certains Comités ont été plus loin. Ils ont voulu avoir un siège social avec pignon sur rue permettant d'exposer et de mettre en vente toutes les productions de la Maison de la Bonne Presse. Nous sommes naturellement très favorables à cette initiative et tenons à la disposition de nos Comités, pour les apposer sur les magasins, des affiches en carton et des plaques en métal indiquant que la *Croix* ou les publications de la Bonne Presse sont en vente à l'intérieur.

Cependant, si déjà de bons libraires vendent ces productions de la Maison, et le font avec zèle et succès, il peut y avoir inconvénient à ouvrir un magasin de la Bonne Presse. Cette difficulté est tranchée d'elle-même quand notre dépositaire est un libraire.

Afin d'éviter les invendus, il faut tenir avec grand soin et à jour son petit assortiment de livres et d'images. Il suffit d'ailleurs, au moins pour débuter, d'avoir des spécimens des principaux volumes et des images les plus demandés.

CHAPITRE II

Pendant la propagande

Toutes les dispositions sont prises : autour de son projet, le propagateur a groupé tous les secours surnaturels et les concours humains possibles ; il a arrêté son choix sur les publications à répandre et prévu ses prix de vente. Maintenant, il va se mettre à l'œuvre. C'est la période de propagande qui commence.

Il s'agit, par une distribution gratuite de quelques numéros, de faire connaître avantageusement la publication dans un nouveau public et de lui susciter de nouveaux lecteurs.

1° Numéros gratuits pour la propagande.

Cette propagande est destinée ou bien à faciliter la fondation de nouveaux centres de diffusion, ou bien à développer des centres déjà existants. Dans les deux cas, nous apportons notre concours.

Nous laissons à nos propagateurs, au moment où ils constituent un nouveau centre, la *Croix* quotidienne grand et petit format gratuitement pendant six jours de suite; et la *Croix du Dimanche*, le *Pèlerin*, l'*Echo du Noël* (mais uniquement ces publications), gratuitement pendant deux semaines consécutives.

Le nombre des exemplaires gratuits ainsi accordés est fixé après examen de la demande du propagateur. Celui-ci doit nous indiquer comment il se propose d'organiser sa distribution gratuite, et quel jour il désire commencer.

S'il s'agit d'un centre déjà existant, mais dont on désire accroître le nombre des abonnés, une propagande semblable peut se faire utilement, spécialement lors de l'apparition d'un nouveau roman.

Dans ce cas, la *Croix* quotidienne, grand ou petit format, est accordée gratuitement pendant six jours, et les publications hebdomadaires *indiquées ci-dessus*, pendant deux semaines.

Dans les centres populeux, il vaudra peut-être mieux échelonner la propagande sur plusieurs semaines, quartier par quartier. Nous accordons alors, pendant une semaine pour chacun de ces quartiers, le nombre de *Croix* gratuites jugé nécessaire. Et, souvent même, pour permettre dans ces circonstances d'utiliser un commencement de feuilleton, pendant quelque temps, la *Croix*, le *Pèlerin*, l'*Echo du Noël* résument au début de la semaine, ce qui a déjà paru les semaines précédentes.

Si nous acceptons volontiers de donner ainsi gratuitement les exemplaires demandés pour la propagande, il va sans dire que nous ne pouvons accorder cette gratuité que si nous voyons augmenter le nombre des abonnés du propagateur.

Certains Comités utilisent de façon intelligente les petits bénéfices de leur caisse pour une propagande permanente. En plus de leurs exemplaires réellement vendus, ils en font venir quelques-uns qu'ils donnent pendant une semaine ou une quinzaine dans les familles à conquérir successivement.

2° Chez qui faire la propagande ?

La distribution à domicile sera faite d'après une liste d'adresses soigneusement relevées.

Certaines propagandes se feront dans un public déterminé et déjà classé, par exemple : par une Ligue féminine chez toutes ses adhérentes, une association paroissiale, un cercle catholique, un patronage, chez tous leurs membres. Alors, le travail est facilité d'autant.

Mais parfois, il sera nécessaire de commencer par la base, aucune liste n'existant. La confection de cette liste sera souvent l'occasion pour relever, rue par rue, toutes les adresses, indistinctement, de toutes les familles d'une paroisse. Et ce sera un précieux instrument de travail, non seulement pour cette propagande de presse projetée, mais pour toutes les autres organisations paroissiales à créer ultérieurement : pour les convocations à des cérémonies, des conférences, des soirées de patronage, etc. Pareille liste complète devrait exister toujours dans une paroisse.

Sur cette liste générale, on pourra, du reste, faire, au point de vue religieux, un classement en diverses catégories : amis, indifférents, adversaires. Et, selon les propagandes ou les conférences projetées, telle ou telle catégorie sera atteinte ou laissée de côté, selon qu'on y voit des avantages ou des inconvénients.

Précisément, pour notre propagande, la question se posera : chez qui faire la propagande ? Et les avis peuvent être partagés.

Quelques-uns croiront préférable de s'en tenir aux familles chrétiennes, où il y a le plus de chances de succès. D'autres voudront aborder toutes les familles où il y a quelque espoir, même très minime, d'obtenir un abonnement.

Parfois, certains propagateurs ont entrepris leur diffusion dans tous les foyers, sans aucune distinction, afin de frapper un grand coup, d'éviter des susceptibilités et d'annihiler le respect humain en mettant tout le monde sur le même pied. Et cette dernière considération a sa valeur dans les petites localités.

En règle générale, quand il s'agit de fonder un *nouveau centre* de propagande, où le journal est encore inconnu, il faut être assez large, car on recueille souvent des abonnés là où l'on n'y comptait pas : cela vaut donc la peine de tenter la chance. Pour les centres déjà existants, il vaut mieux aller, d'une propagande à l'autre, progressivement vers les éléments moins catholiques.

Quoi qu'il en soit, disons-nous qu'il restera toujours à faire tant que n'aura pas été atteint l'idéal : un journal catholique dans chaque foyer.

3° Quelle date choisir pour la propagande?

Il n'est pas indifférent de choisir l'époque et la date d'une propagande.

En règle générale, l'approche de l'automne et des soirées d'hiver, saison plus propice aux loisirs de la lecture, sera toute indiquée, surtout pour la propagande à faire dans les campagnes. Il ne faudrait pas, cependant, sous prétexte d'attendre cette époque, laisser passer les occasions favorables qui se peuvent présenter.

Ces occasions peuvent être une mission, le Carême, un Congrès, un sermon ou une conférence sur la Presse. Du reste le Comité, pour attirer l'attention publique, exciter la curiosité et vaincre d'avance, s'il y a lieu, le respect humain, saura ménager et créer ces occasions de lancement.

La meilleure manière sera presque toujours une conférence. Le Secrétariat de Propagande a constitué un groupe de conférenciers de la Bonne Presse qui répondent, dans la mesure où ils le peuvent, à toutes les demandes de ce genre. Une fois la conférence décidée, et la date choisie d'accord avec le conférencier, le Comité s'entend avec ce dernier pour le genre de convocations, le programme de la réunion et les détails de son organisation. Sans même avoir besoin toujours de déplacer ainsi un conférencier de Paris, on trouvera parfois à proximité un orateur de bonne volonté, auquel nous fournirons volontiers les renseignements utiles. Si le Comité craint de s'exposer à un déficit par les frais qu'entraîne une conférence, il peut y adjoindre une quête; mais il fera sagement d'annoncer les *entrées gratuites.*

Le but à atteindre par cette conférence sera de convaincre les familles de l'importance capitale du choix d'un journal au foyer : quelle heureuse influence il y exercera s'il est bon, et quels graves dangers y apporterait au contraire le mauvais journal ! Une seconde partie, avec projections, pourra souvent compléter cette conclusion générale et diriger le choix vers la Maison de la Bonne Presse en montrant, *de visu,* le puissant outillage et la vaste organisation qu'elle a créés pour mettre de bons journaux à la disposition des catholiques.

Mais il y a une réunion plus efficace encore que la grande conférence, réunion qui peut la suppléer si elle est impossible, qui doit, en tout cas, toujours la suivre et la compléter, le jour même ou le lendemain ; c'est la réunion modeste et intime des futurs propagateurs, Comité paroissial, dames, jeunes filles, jeunes gens, etc. Dans cette réunion, le conférencier dira tout simplement à cette élite *pourquoi* et *comment faire pratiquement la propagande.*

Et il ne reste plus qu'à fixer la date précise du premier jour de la propagande gratuite, s'il s'agit de la *Croix* quotidienne, du premier dimanche, s'il s'agit d'un hebdomadaire. Il faut rapprocher le plus possible de la conférence le début de la propagande, afin de profiter des bonnes dispositions des auditeurs. On aura d'ailleurs eu soin de garder leur adresse en recueillant les convocations nominatives à l'entrée de la salle.

Le commencement d'un feuilleton, annoncé à l'avance par le journal, sera tout naturellement indiqué pour ce premier jour de lancement. C'est d'abord *un prétexte* tout trouvé pour introduire un journal jusque-là inconnu. Et c'est en même temps un *sérieux élément de succès* ajouté aux autres. Car plus d'un lecteur, et surtout plus d'une lectrice, aux prises avec les péripéties du feuilleton commencé depuis six jours, voudra continuer à s'y complaire... et pendant ce temps prendra l'habitude du journal.

4° Qui fera la propagande ?

Le jour a été fixé ; le premier des six colis de *Croix* quotidiennes gratuites va arriver. Qui est-ce qui va distribuer à domicile ces journaux gratuits, pendant les six jours de la propagande ? Evidemment, un distributeur salarié pourrait le faire. Mais combien peu auront le zèle qu'il faudrait pour ajouter à ce geste de remise de chaque journal la bonne parole qui le fera accepter et les aimables arguments qui le feront garder ! Même si le porteur est zélé — et cela existe — il n'aura pas toujours l'autorité voulue pour conquérir le lecteur nouveau. On dira qu'il fait un métier et l'on se débarrassera de lui : le coup est manqué.

Mais, si la visite finale du dernier jour de propagande est faite par des personnes dévouées et désintéressées, comme une œuvre d'apostolat, il est certain que les résultats seront tout autres. A plus forte raison, si ces personnes de bonne volonté, au lieu de faire seulement la visite finale indispensable, se sont partagé la liste des adresses et ont accepté de porter elles-mêmes les *Croix* pendant chacun des six jours de la propagande gratuite, on est sûr du succès. Car ce n'est pas tout de déposer un journal dans une famille : il y a une façon de commenter le geste et de faire comprendre quelle pensée d'apostolat inspire ce dévouement. Une conversation sympathique peut s'établir, et l'abonné sera conquis.

Mais qui donc acceptera ainsi de porter à domicile les journaux de propagande ou, du moins, de passer faire la visite finale ? Tous les dévouements peuvent être appelés à la rescousse.

Dans nombre de petites paroisses, le *clergé*, curé ou vicaire, n'a voulu céder à aucun autre ce soin de répandre et faire accepter la bonne parole (1). Et toutes les fois qu'il en a été ainsi, le succès était d'avance assuré et complet. Car rien ne remplace cette démarche personnelle du prêtre, chaque fois qu'elle est possible.

C'est ce qu'a fait, dans la Haute-Saône, M. le curé de Miélin : « Je suis arrivé, nous écrit-il, à un joli nombre d'abonnements à la *Croix* quotidienne : 43 *Croix* pour une population de 350 habitants, comprenant à peu près 70 familles. Il y a en outre 21 *Pèlerins* pour les familles

---

(1) Voir notre brochure spéciale (et gratuite) *le Clergé et la Presse*, par CYR.

qui ne lisent que le *dimanche*. J'ai, en plus, les romans populaires, etc.

» *Je suis parvenu à ce résultat, parce que je vais dans toutes les familles,* MOI-MÊME, *proposer le journal*. Mon exemple peut être un encouragement pour ceux qui désespèrent trop vite du résultat à venir. Si partout on travaillait un peu plus sérieusement, il me semble qu'on obtiendrait davantage en faveur de la bonne presse. »

Les dames et les jeunes filles peuvent mettre au service de cette propagande leur dévouement toujours prêt à toutes les initiatives apostoliques.

Souvent, ce sont les diverses Ligues féminines qui acceptent de faire la distribution gratuite et la recherche des abonnements à domicile. Et elles réussissent d'autant mieux qu'elles sont déjà organisées en cadres de *dizainières*. Chaque *dizainière*, connue d'avance dans le groupe d'adhérentes confiées à sa visite périodique, est tout indiquée pour y aller faire la propagande du bon journal.

Parfois, c'est le groupe local des Noëlistes qui se met à la disposition du Comité pour toutes les publications et surtout l'*Echo du Noël*. Ailleurs, ce sont les Enfants de Marie, ou tout simplement quelques dames de bonne volonté suscitées pour la circonstance. Elles se sont proposées d'elles-mêmes après une conférence et un appel au dévouement. Notre brochure spéciale et gratuite *Les Dames et la Presse* a été consacrée à cet apostolat féminin en faveur de la bonne presse.

Les *jeunes gens* se donnent aussi à cette œuvre avec tout l'élan de leur foi et de leur âge. Ils constituent, en certaines villes, des groupes spéciaux qui prennent le nom de *Chevaliers de la Croix*. Les uns, s'occupant surtout de créer de nouveaux centres pour la vente des hebdomadaires, visitent toutes les localités environnant celle qu'ils habitent. Ils commencent, les premiers dimanches, par vendre eux-mêmes leurs journaux et cherchent un porteur et des propagateurs pour continuer la vente et la propagande après leur départ. D'autres, se consacrant à la propagande de la *Croix* quotidienne, vont de maison en maison proposer des abonnements à la semaine ou au mois.

Les *Pages du Christ*, plus jeunes, enfants des catéchismes ou des patronages, répandent les publications catholiques, principalement le *Pèlerin* et la *Croix du Dimanche*, soit par des démarches à domicile, soit par la vente dans la rue, soit surtout par la vente à la porte des églises. Pas plus que les *Chevaliers de la Croix*, ils ne retirent un profit pécuniaire de leur vente. Ils le font par pur dévouement, bien que le bénéfice qui en résulte puisse leur être rendu, en totalité ou en partie, sous forme de petites fêtes, excursions, pèlerinages. Là se trouve la distinction essentielle entre ces jeunes gens et les porteurs ou porteuses dont la profession est de vendre des publications et d'en retirer des ressources pour vivre.

La fondation d'un groupe de Pages est encore plus facile que la fondation d'un groupe de Chevaliers, car l'enfant est, en général, moins accessible au respect humain. Un groupe de Pages est, du reste, une excellente pépinière de Chevaliers. Ils ont besoin d'être suivis et guidés de plus près encore que ces derniers, mais, aux uns comme aux autres, il faut de toute nécessité un directeur qui soit la cheville ouvrière et l'élément de cohésion du groupe.

Un manuel spécial, la *Jeunesse et la*

Presse, donne toutes les indications nécessaires à ce sujet. Sur la recommandation de l'aumônier du groupe, nous envoyons aux enfants et aux jeunes gens, dont le zèle mérite cette récompense et remplit nos conditions établies, des diplômes de Pages ou de Chevaliers.

5° Comment se fera la propagande ?

Les propagateurs ou propagatrices sont prêts ; le premier colis de *Croix* quotidiennes gratuites vient d'arriver au lieu de rassemblement indiqué.

Tous sont au rendez-vous, et chacun ayant été chargé d'une tranche de la liste générale (petite tranche, car les visites seraient moins bien faites si elles étaient trop nombreuses pour une même personne), chacun prend un petit paquet de *Croix* correspondant au nombre de foyers à visiter, les plie et part vers sa petite tournée. Parfois, c'est une équipe de jeunes gens qui accepte de faire de grand matin le pliage, et, à bicyclette, la remise rapide des petits paquets de *Croix* au domicile de chaque zélatrice. De la sorte, tous les dévouements sont mis à contribution pour concourir à l'organisation parfaite d'une rapide distribution.

Chacun, ou chacune, s'est donc mis à sa tournée de distribution. Ce n'est pas toujours sans émotion le premier jour. Et plus d'un se demande anxieux ce qu'il pourra bien dire pour expliquer l'arrivée inopinée de ce journal inconnu. Pour aplanir toutes difficultés et donner toutes explications, une petite circulaire sous enveloppe nominative ferait très bien avec le premier numéro gratuit. Chaque Comité a intérêt à rédiger sa circulaire à lui, bien locale, donnant en quelques mots les raisons qui sont les plus décisives pour son milieu en faveur de la *Croix*. Il y indiquera ses prix de vente, l'adresse à laquelle on peut se renseigner et s'abonner, et, s'il y a lieu, le titre du nouveau feuilleton à paraître. Cette feuille pourrait n'être que polycopiée pour diminuer la dépense d'impression.

A titre d'exemple, nous reproduisons ici un texte qui fut utilisé lors d'une propagande. Il serait facile de s'en inspirer en d'autres circonstances.

Comité de la Bonne Presse de........

M.

Nous avons pensé vous être agréable en vous offrant *gratuitement* la *Croix* pendant quelque temps, à l'occasion de deux superbes feuilletons, *Fleurs du foyer, Fleur du cloître*, par M. Delly, et l'*Alerte*, par le capitaine Danrit (commandant Driant), que ce journal commence aujourd'hui même.

La lecture de la *Croix* vous permettra de constater par vous-même que ce journal est très intéressant. Il compte parmi ses collaborateurs nos meilleurs écrivains ; « Pierre l'Ermite » lui donne tous les dimanches un spirituel article. Il est parfaitement informé, donne peut-être l'ensemble le plus complet parmi les journaux, ce qui explique son énorme tirage : l'un des premiers de France.

Vous pourrez voir en même temps qu'on peut le mettre sans crainte entre toutes les mains, ce qui, hélas ! aujourd'hui, ne peut pas se dire de tant d'autres journaux qu'on laisse traîner sur les tables, alors qu'on n'y laisserait pas un verre de poison.

Et malgré tous ces avantages, c'est encore le moins cher de tous les journaux. En effet, si vous choisissez le petit format, il ne vous coûtera que .... par semaine. Si vous préférez le grand format, plus beau, il vous coûtera encore moins cher que les autres journaux, puisqu'on vous le donnera pour.................. par semaine, ce qui vous économise........... par an.

Nous aimons donc à penser que ce journal vous plaira et que vous voudrez continuer à lui donner vos sympathies lorsque, dans quelque temps, on vous le demandera.

LE COMITÉ.

Cette circulaire, répondant d'avance à toutes les questions, facilite grandement la démarche du premier jour, et prépare le succès. Les autres jours, un petit mot aidera la sympathie progressive. Et, le dernier jour, une conversation plus longue, parfois une petite discussion courtoise, achèveront la conquête. Si, pour une raison ou une autre (économie, temps, etc.), on ne peut prendre le quotidien, le visiteur tâchera d'introduire au moins un hebdomadaire : *Croix du Dimanche*, *Pèlerin*, *Echo du Noël* s'il y a des enfants, ou la *Croix* locale si les intéressés préfèrent un journal du pays à ceux de Paris.

Et quand chacun des zélateurs revient apporter sa petite cueillette d'abonnés, et qu'on fait le total de ces petites additions, presque toujours il y a une surprise heureuse. On n'aurait jamais osé espérer un tel résultat : c'est que cette méthode, basée sur le dévouement et l'apostolat, a depuis longtemps fait ses preuves. Nous lui devons nos centres de diffusion les plus florissants.

6° Comment se maintiendra la propagande ?

Le Comité cependant ne se reposera pas sur ses lauriers. Il se dira que, hélas ! à côté du bien déjà opéré, il reste encore tant à faire !

Après ce lancement, qu'il faut renouveler de temps en temps, il est nécessaire de suivre la propagande, de voir si le nombre des abonnés ne peut pas être augmenté, d'examiner si de nouvelles publications ne seraient pas répandues avec fruit. Car on n'arrive jamais d'un seul coup au résultat complet ; et qui n'avance pas recule.

C'est pour empêcher ce recul et maintenir ce qu'on a obtenu, qu'il sera nécessaire d'exercer une vigilante *surveillance.* Dès qu'il y a un désabonnement, s'informer des raisons. Et si le groupe des zélateurs ou des zélatrices a eu la bonne idée de ne pas se dissoudre une fois la semaine de propagande terminée, il sera tout indiqué de confier le soin de la petite démarche à faire auprès du désabonné à la personne même qui l'avait abandonné. Il y a toutes raisons de croire qu'elle réussira mieux que toute autre à conserver ce qu'elle avait gagné.

En plus de cette surveillance, certains Comités ont l'excellent principe de se tenir en *contact continu* avec leurs abonnés. Ils le font par des petites circulaires périodiques, l'invitation à la messe mensuelle si elle a lieu, etc.

Ils organisent chaque année ce que l'on peut appeler la « journée des abonnés ». Cette journée commence par une messe dite pour les lecteurs défunts. (Nous connaissons des Comités qui joignent à l'invitation la liste, encadrée de noir, de ces abonnés défunts.)

La journée se poursuit par une série de réunions soit instructives, soit distrayantes, appropriées au milieu. Souvent une tombola avec, comme gros lot, un billet gratuit pour Lourdes, est le clou de cette réunion ; et, dans ce cas, le Comité qui commence une nouvelle propagande a bien soin de faire miroiter, dans sa circulaire de lancement, cette prime alléchante : elle décidera plus d'un abonnement. Ces « journées des abonnés » permettent aux lecteurs de se voir, de se connaître, et souvent de constater la force que peut leur donner leur groupement.

C'est précisément quelque chose d'unique dans la presse : la *Croix* a réussi à créer parmi tous ses lecteurs un tel courant d'idées mises en commun et de sympathies réciproques, qu'ils forment autour d'elle, dans chaque ville et dans toute la France, comme une grande famille.

7° Divers autres moyens de propagande.

En dehors de ce que nous pourrions appeler les « méthodes classiques » de répandre la *Croix*, le zèle de nos propagateurs s'est ingénié à trouver d'autres procédés variés et appropriés aux circonstances locales. La *Croisade de la Presse* les fait connaître chaque mois.

Quelques Conférences de Saint-Vincent de Paul apportent, avec le pain matériel, de bonnes lectures, les *Causeries*, le *Pèlerin*, dans les familles secourues, se disant que le pain des âmes est encore plus nécessaire que l'autre.

Plusieurs curés ont voulu remettre dans l'organisation de la presse le budget de leurs écoles chrétiennes supprimées ou impossibles. Ils pensent, avec raison, que le bon journal est aussi une école implantant dans l'âme et dans l'intelligence des principes de vérité bien nécessaires. Cette école a même l'avantage de garder ses élèves depuis l'enfance jusqu'au soir de la vie.

Les amis de la Bonne Presse saisissent toutes les occasions de la faire connaître.

En voyage, ils demandent dans les bibliothèques des gares, et ils y exigent, la *Croix*, les romans et les autres publications de la Bonne Presse qui y sont vendues.

Dans les hôtels, ils réclament la *Croix*, cherchent à l'y introduire ; ils nous signalent les hôtels bien disposés.

Dans les villes d'eaux et sur les plages, il y a une propagande excellente à faire auprès de personnes qui s'habitueront à lire la *Croix* pendant leurs loisirs de villégiature, et qui voudront ensuite l'adopter définitivement à leur retour au foyer.

Pour aider nos amis à atteindre ces nouveaux lecteurs, nous leur proposons des conditions spéciales leur permettant d'offrir la *Croix* et nos autres publications, comme le *Pèlerin* et l'*Echo du Noël*, à tous ceux qui désirent se les procurer. Nous avons même fait faire une petite affiche en carton, mise gracieusement à la disposition de nos Comités des villes d'eaux. Cette affiche, placée bien en vue aux portes des églises, aux étalages des commerçants amis, et aux kiosques de journaux s'il y a lieu, indiquera à tous où l'on peut trouver la *Croix*.

La vente aux abords des Congrès catholiques et dans les lieux de pèlerinages est encore plus passagère, mais elle est plus fructueuse.

Il faudrait prévoir et assurer la vente de la *Croix* dans toutes les grandes assemblées catholiques.

Le « Secrétariat de propagande » donne tous les renseignements nécessaires à ceux qui veulent organiser ces diffusions. C'est lui, du reste, qui se tient, par ses correspondances, par les visites de ses délégués et par la *Croisade de la Presse*, en relations constantes avec tous ceux qui désirent s'occuper de propagande. C'est lui qui, chaque année, organise le « Congrès de la *Croix* », où afflue de tous les points de la

France, et même de l'étranger, l'élite de nos propagateurs et amis.

Un numéro spécial de la *Croisade de la Presse* donne *in extenso* les rapports, discussions et discours de ce Congrès. Il est tiré à 25 000 exemplaires et mis gratuitement à la disposition des personnes qui le désirent. Nos amis nous ont dit bien souvent que ces comptes rendus étaient excellents pour susciter ou stimuler les dévouements en faveur de la Bonne Presse.

CHAPITRE III

Après la propagande

LE SERVICE AUX LECTEURS

La période de propagande, période apostolique et de courte durée, est terminée. Maintenant va commencer la période administrative et définitive.

A peine recueillis les résultats de cette propagande, le Comité devra, en effet, sans un jour d'interruption, assurer chez les lecteurs ainsi trouvés le service régulier des journaux. Et cela ne s'improvise pas au dernier moment. Il est donc nécessaire que, d'avance, tout ait été prévu pour la régularité de cette distribution : l'avenir de l'œuvre locale en dépend. Car il serait vain d'avoir bien travaillé pendant la propagande à recueillir des abonnés, si, par un service défectueux, irrégulier ou trop tardif, on devait ensuite les mécontenter et les perdre un par un. Toute propagande ultérieure serait même irrémédiablement compromise.

La distribution consiste à faire parvenir le journal dans le minimum de temps au domicile de chacun des lecteurs. Deux systèmes généraux sont au choix : le service direct de Paris, par la poste, à l'adresse de chaque lecteur, et le service par paquets à faire distribuer sur place.

I

LE SERVICE DIRECT DE PARIS, PAR LA POSTE A L'ADRESSE DE CHAQUE LECTEUR

Le journal arrive de Paris au lecteur sous une bande nominative individuelle, dont l'adresse a été fournie par le Comité.

Ce Comité n'a donc à s'occuper d'aucune manipulation du journal ni d'aucune distribution. Il recouvre seulement le prix des abonnements pour l'envoyer à Paris. Ce prix varie selon qu'il s'agit d'une des trois combinaisons suivantes :

1° Abonnements directs individuels.

Pour la *Croix* quotidienne (grand format seulement) et pour chacune de nos autres publications périodiques, nous avons établi des prix d'abonnements directs, qui sont indiqués à notre « Guide administratif ». Nous portons ces prix (moins une petite remise) au compte de nos Comités, lorsqu'ils nous transmettent les ordres d'abonnements directs individuels.

Nos amis voudront bien se souvenir que les abonnements directs sont le meilleur soutien de notre œuvre.

2° Abonnements directs par séries.

Par minimum de cinq abonnements à la *Croix* quotidienne (grand format seulement) servis directement par la poste *à des adresses différentes*, dans un même canton, abonnements commençant et finissant à la même date et réglés d'avance par une seule personne, nous accordons une remise, indiquée dans notre « Guide administratif », sur le prix de l'abonnement direct individuel. Ces abonnements sont pour un an, six mois ou trois mois.

3° Abonnements mensuels.

Chaque lecteur reçoit la *Croix* quotidienne (grand format seulement). par la poste. Le correspondant de propagande reçoit chaque mois une facture se montant à autant de fois le prix mensuel indiqué par notre « Guide administratif », qu'il a d'abonnés ainsi servis. Le correspondant n'a plus qu'à faire le recouvrement mensuel chez ses lecteurs. Et pour les règlements, les changements d'adresse, etc., il est tout *seul* à correspondre avec nous. L'observation stricte de cette règle est indispensable pour que notre administration puisse assumer la complication formidable de ce service des abonnements mensuels.

Ce système des abonnements mensuels suppose un minimum de cinq abonnés dans une même localité. Le chiffre de ces abonnés peut varier chaque mois, augmenter ou diminuer à volonté, pourvu qu'il ne descende jamais au-dessous de cinq. Nous exigeons seulement que les abonnements commencent le 1er de chaque mois et ne finissent qu'à la fin du mois.

Cette souplesse d'adaptation donne à ce système une grande supériorité sur celui, un peu rigide, des abonnements par séries, qui ne vont que par année, semestre ou trimestre, et sont payables d'avance. En somme, l'abonnement mensuel est une heureuse combinaison, offrant au lecteur les avantages de l'abonnement direct pour la réception de son journal, et ceux du payement fractionné. Il prend ainsi, à chacun des deux modes : abonnement direct, achat au numéro, ce qu'il a de meilleur, pour en faire bénéficier l'abonné mensuel.

D'une façon générale, s'il présente les inconvénients signalés ci-dessous, le service direct par la poste a un double avantage : celui d'éviter au Comité toute préoccupation de distribution, et celui d'atteindre les habitations isolées ou trop éloignées les unes des autres, qu'un porteur ne pourrait pratiquement desservir.

II

LE SERVICE PAR PAQUETS

Ces paquets expédiés de Paris au Comité sont distribués sur place par les soins de celui-ci.

Ce genre de distribution donne aux Comités plus de travail ; mais il a aussi ses avantages. Il permet d'arriver au domicile du lecteur presque toujours plus vite que par le facteur de la poste. Et surtout, il permet d'établir des abonnements *hebdomadaires* à prix réduits, ce qui sera souvent la principale cause de succès d'une propagande.

La Maison de la Bonne Presse laisse, en effet, à des prix minimes la *Croix* et ses divers périodiques ainsi expédiés par paquets. Pour obtenir ces *conditions de propagande,* il suffit de satisfaire à cette règle, *unique mais absolue :* recevoir au moins cinq exemplaires d'une même publication à une seule adresse (1).

Notre *Guide administratif* donne, pour la *Croix* (petit et grand format) et pour toutes nos publications, ces conditions de propagande extrêmement avantageuses. Il indique, en même temps, de façon minutieusement précise, le prix de revient du port, lequel s'ajoute au prix d'achat. Il est donc facile de se rendre très exactement compte du prix de revient de l'exemplaire rendu au siège du Comité.

Les paquets peuvent arriver de deux façons : soit par la poste (poste restante, si cela gagne du temps, plutôt que d'attendre le passage du facteur), soit par colis postal en gare. Notre « Guide administratif » précise les diverses modalités et les tarifs de ces transports, et il indique ce qui doit, suivant les cas, motiver le choix entre les deux modes d'envoi. Ce choix est fait par nous, sauf indications contraires, selon le mode le plus écono-

(1) Sauf le *Journal bleu*, les *Causeries du Dimanche,* la *Vie des Saints,* dont il faut recevoir au moins dix exemplaires pour obtenir les « conditions de propagande ».

mique : par la poste jusqu'à 75 exemplaires ; par colis en gare, au-dessus de 75 exemplaires.

Quoi qu'il en soit, une fois le paquet arrivé, il doit être distribué avec régularité et rapidité. Qui fera cette distribution ?

Elle peut être faite par dévouement désintéressé ou par porteurs rétribués :

1° Distributeurs bénévoles.

Tout indiquée pour la période de propagande, c'est-à-dire d'une façon passagère, la distribution permanente et régulière par porteurs bénévoles n'est pas toujours d'une réalisation facile. Cependant, nous en connaissons des exemples très intéressants, car, par leur zèle, ces porteurs aident beaucoup au développement de la diffusion et, par leur désintéressement, permettent d'établir des prix de vente très réduits.

Ainsi, à Vecoux, dans les Vosges, depuis de longues années, le service est assuré par des jeunes gens dévoués. Mobilisés pendant la guerre, ils ont été remplacés par six jeunes filles ouvrières d'usine qui assurent gratuitement le service régulier de la *Croix*, du *Pèlerin* et de toutes les publications de la Bonne Presse. « Le principe imposé et pratiqué, nous écrit M. le Curé, c'est que les journaux ne doivent pas rester une heure en souffrance ni à la gare, ni au presbytère où se fait la répartition, ni chez chacune des porteuses. » Aussi la *Croix*, en 1918, est montée de 60 à plus de 100, pour une population de 1 100 habitants.

Le curé d'une paroisse rurale très étendue, en Anjou, avait organisé sa distribution dans toutes les fermes et hameaux, par les enfants des écoles. Le colis général, arrivé au presbytère, était aussitôt réparti en divers paquets. Ces paquets, déposés dans des casiers nominatifs, étaient pris, par chaque titulaire, à la sortie de l'école et emportés gracieusement par lui vers les destinataires, dans toutes les fermes.

Un de nos propagateurs avait organisé, par les voitures de « ramassage » d'une laiterie centrale, une superbe distribution dans plusieurs paroisses rurales du Jura.

2° Les petits paquets.

La Bonne Presse a même inventé, pour faciliter ces distributions bénévoles, le système dit système des *petits paquets*. Grâce à lui, dans les plus petites communes et dans les hameaux les plus éloignés, il est possible d'introduire la *Croix*.

Voici en quoi consiste ce système : Au lieu de recevoir en un paquet unique un assez grand nombre de *Croix*, difficiles à distribuer sur un territoire étendu, le correspondant peut, dans une même commune, faire envoyer par la poste, à des adresses différentes, autant de petits paquets de *Croix* quotidiennes qu'il désire. Il multiplie ainsi les centres de distribution, ce qui permet d'atteindre les villages éloignés du bourg, ou les points écartés d'une ville qui seraient mal desservis par le porteur.

La seule condition, c'est que chaque petit paquet ne contienne jamais moins de cinq exemplaires de la *Croix*. A part cette condition de *minimum*, chaque paquet peut contenir autant d'exemplaires qu'on le désire, et simultanément du grand et du petit format, mais toujours avec un minimum de cinq exemplaires pour *chaque* format. Le chiffre du contenu peut varier à volonté, et être modifié chaque fois qu'il se présente un nouvel abonné ou qu'un ancien quitte le journal, à condition que le minimum de cinq exemplaires pour chaque format soit toujours observé.

Le correspondant peut même, à n'importe quelle date, ajouter de nouveaux paquets ou en supprimer, car les envois sont faits pour des périodes indéterminées, à son gré.

Il reçoit lui-même chaque mois la facture *pour tous les paquets*. Et, pour le règlement ainsi que pour les indications de variations dans le contenu des paquets, ce correspondant doit être *seul* en relations avec notre administration.

De son côté, il veille à la distribution des divers petits paquets. Sur les cinq lecteurs, ou plus, qu'il a trouvés dans une même agglomération, l'un reçoit le petit paquet, les autres viennent chez celui-là chercher leur journal, ou bien il le leur fait parvenir chez eux. Il est facile de trouver, pour cette minime distribution entre voisins, des concours bénévoles. Quelques correspondants gratifient chaque distributeur de petit paquet d'une exonération ou d'une diminution dans le prix de son propre journal, ou du *Pèlerin* gratuit; c'est à eux de voir sur place ce qui est préférable et possible.

Tel est le fonctionnement de ce système, qui, dans nombre de localités, aplanit, en les disséminant, des difficultés de distribution autrement insurmontables.

3° **Le porteur rétribué.**

Mais, dans beaucoup d'endroits, en particulier les centres importants, le Comité fera assurer la distribution par un porteur rétribué, parfois plusieurs porteurs.

Alors, il lui faut choisir un bon porteur. C'est souvent ce qu'il y a de plus difficile.

En cherchant un peu, il n'y a cependant pas de commune où l'on ne puisse trouver un homme (un mutilé de la guerre), une femme ou un enfant capable de bien porter le journal, et qu'on aura soin d'ailleurs de surveiller, de former, d'encourager. (1)

Un bon porteur doit être exact, poli, dévoué à l'œuvre. Il doit s'efforcer, par ses démarches persévérantes, d'augmenter le nombre des abonnés.

Il est nécessaire que la distribution soit faite très rapidement, et, si c'est possible, avant celle des autres journaux.

Si le nombre des abonnés est considérable, il faut choisir de préférence un homme. Il convient de ne jamais dépasser, même dans les villes, 200 journaux à distribuer par porteur — à moins d'une diffusion particulièrement intense, — pour obtenir à la fois une distribution rapide et une rémunération suffisante.

Si la tournée est moins chargée, on peut prendre une femme ou un enfant.

Les vieillards présentent l'avantage de gagner parfois des lecteurs qui prennent le journal par intérêt pour eux, mais généralement leur service est fait avec trop de lenteur.

Il est capital de payer le porteur aux pièces, c'est-à-dire en raison du nombre de numéros vendus. On l'encourage ainsi à augmenter la vente et à conserver tous les lecteurs.

Il est possible que ce système ne procure, au début d'un colportage, qu'une rémunération très insuffisante. Alors il convient d'établir, durant les premiers

(1) Pour être en règle avec la loi, le porteur devra faire une déclaration de colportage. Notre *Guide administratif* donne des modèles de cette déclaration gratuite.

mois, un tarif provisoire qui assure un minimum. Passé ce délai, le porteur sera payé suivant le nombre de journaux qu'il distribue, par exemple à un ou deux centimes le numéro. Ainsi, il a tout intérêt à ne perdre aucun de ses lecteurs et à rechercher de nouveaux abonnés.

Il est nécessaire que le porteur rende ses comptes lecteur par lecteur fréquemment, chaque semaine, par exemple, au moins chaque mois. De cette façon, le propagateur est lui-même forcé de tenir ses comptes exactement, et il a en même temps l'occasion d'examiner avec le porteur l'état de la propagande (1).

Le porteur devra signaler, dès le jour même, les désabonnements, afin que le propagateur puisse agir sans retard.

Il est *indispensable* que le porteur tienne à jour la liste des abonnés, et que le double de cette liste soit régulièrement remis au propagateur, qui suivra le mouvement des abonnés et des désabonnés, et ne sera pas pris au dépourvu si, pour diverses raisons, le porteur lui fait subitement défaut.

Il est bon d'organiser, quand on le peut, le colportage pour plusieurs communes, mais cette combinaison exige une entente parfaite entre propagateurs et une grande surveillance de leur part.

Il en est de même quand on veut faire porter plusieurs journaux par le même porteur. Celui-ci, en effet, aura toujours tendance à propager de préférence le journal qui lui procure le plus de bénéfice.

Pour éviter cet inconvénient, il faut

---

(1) Le *Guide administratif* donne un modèle de comptabilité : fait en double, un pour le porteur, un pour le propagateur, il permet la reddition rapide et régulière des comptes.

servir d'intermédiaire entre l'administration des divers journaux et le porteur, et donner à celui-ci une rétribution proportionnée au nombre de journaux vendus, afin qu'il n'ait pas intérêt à vendre un journal plutôt qu'un autre.

Pour encourager le porteur et faciliter sa propagande, certains propagateurs lui font cadeau d'une casquette et d'une trompette. La Maison de la Bonne Presse offre volontiers de servir d'intermédiaire pour leur procurer ces articles. Nous accordons, en outre, aux plus méritants, après plusieurs années de service, et à la demande du Comité, un diplôme d'honneur.

On ne doit cependant pas se faire d'illusion : un bon porteur est rare, et le meilleur porteur ne peut tout faire. Son rôle est d'assurer le service parfait aux lecteurs ; mais c'est au Comité à lui procurer ces lecteurs. Au porteur de maintenir l'œuvre par la régularité ponctuelle ; au Comité de l'étendre par l'apostolat et l'initiative.

CHAPITRE IV

L'organisation collective, cantonale, diocésaine

1° COMITÉS CENTRAUX

La propagande locale, telle que nous l'avons exposée, peut être pratiquée par tous, même par les plus modestes et les moins fortunés de nos amis.

Il en est parmi eux qui ne se contentent pas de cette action dans leur propre commune. Ce champ n'est pas assez vaste pour leur zèle, et ils essayent de rayonner au dehors sur les paroisses de *tout un canton* ou de *tout un diocèse*. En relations avec le Secrétariat de Propagande de la Bonne Presse, ils lui communiquent toutes les nouvelles qui peuvent aider son travail : enquêtes sur l'état de la presse, changements survenus dans les Comités, opportunité de diffusions nouvelles, conférences à faire donner, tournées de délégués de la *Croix* à organiser, etc.

Ils envoient à la *Croisade de la Presse* tous les renseignements utilisables pour sa rédaction : traits de dévouement, procédés ingénieux de propagande, succès obtenus.

Mais surtout ils provoquent des réunions cantonales ou des journées départementales de bonne presse pour entretenir l'ardeur des zélateurs, échanger des idées, créer un colportage, préparer une campagne nouvelle. Leur idéal est d'arriver à une hiérarchie complète de Comités de canton, d'arrondissement, de département travaillant avec méthode à la diffusion croissante des journaux catholiques. Leur groupement se compose des plus zélés, de ceux qui, en dehors de leur action sur place, peuvent consacrer un peu de leur temps à un travail d'ensemble. Une douzaine d'hommes de bonne volonté suffit pour le début. Il est à souhaiter qu'on arrive à un représentant par canton ; et l'idéal, par la suite, serait un correspondant par paroisse.

Le Comité se constitue avec le minimum le plus rigoureux de règlements et de distinctions honorifiques. Rien de bureaucratique ni de solennel. Un président, un secrétaire, un trésorier, choisis tous les trois de préférence dans la même ville, pour qu'ils puissent fréquemment se voir. Autour de ce bureau, des membres actifs éparpillés dans tout le pays, travaillant chacun dans sa zone d'influence, en relations de correspondance avec le secrétaire, se donnant rendez-vous tous ensemble deux, trois ou quatre fois par an, se rencontrant les uns les autres dans les multiples circonstances où ils peuvent se voir sans dépenses supplémentaires.

Et voilà le Comité à l'œuvre. Il entreprend tout d'abord une enquête sur l'état de la presse, bonne et mauvaise, dans sa contrée, afin de savoir sur quel terrain il travaille, afin de connaître les sources puissantes du mal et les sources chétives du bien. Mieux renseigné, il sera plus fort pour lutter contre les unes, les refouler, les tarir, s'il se peut, et accroître les autres, les enrichir, les multiplier. Il sera plus documenté pour faire comprendre la gravité du fléau aux insouciants qui n'en voient pas encore les effrayants ravages, pour instruire les découragés qui gémissent devant l'inondation sans en connaître ni en combattre les causes profondes.

Commune par commune, il dresse donc cette statistique, attristant et humiliant inventaire, où les forces de propagande religieuse apparaîtront souvent débiles en face des forces adverses. Et peut-être ce seul examen, en révélant la raison cachée de bien des ruines et de bien des défaites, fera-t-il naître des remords au cœur des indifférents, des désirs plus efficaces d'action chez les amis de la presse chrétienne.

Connaissant le mal dans toute son étendue, le Comité s'emploie à le réduire sur tous les points de son territoire.

Chacun de ses membres s'efforce sans cesse d'enrôler pour cette lutte les bonnes volontés de son voisinage. Qu'il ait, ou non, le titre de *Correspondant cantonal*, il se fait, dans son canton, l'inspirateur de toute la propagande, stimulant, soutenant, instruisant tous ceux qui peuvent à cette œuvre immense apporter leur concours. Il connaît les Comités qui marchent bien et ceux qui boitent : il va de l'un à l'autre pour les encourager, les développer, assurer leur survivance au lendemain d'un départ ou d'une mort qui les prive d'un appui nécessaire, etc. Il est l'infatigable rabatteur qui envoie à toutes les réunions, à toutes les conférences, à tous les Congrès de la Bonne Presse, les braves gens à qui il ne manque qu'un trait de lumière pour se convertir. Il est le voyageur sur place, le recruteur et l'instructeur des nouveaux dévouements, la providence bienfaisante de tous les Comités de son petit coin de pays.

Reliés entre eux par ce lien très souple d'un correspondant de canton, les Comités locaux ont des facilités plus grandes pour grouper leurs envois et diminuer ainsi leurs frais de port. Un seul colis arrivant à une gare centrale répartira ses journaux dans les communes des alentours. Un seul voiturier égrénera le long de sa route une série de paquets voyageant à tarif très réduit. Un seul colporteur promènera chaque matin la *Croix* dans plusieurs villages qui se suivent sur la grande route. Et par toutes ces ingénieuses combinaisons, les dépenses d'expédition devenant moins fortes, journaux et revues pourront être cédés à des prix dérisoires, défiant toute concurrence (1).

Il achève d'attirer sur lui la reconnaissance des petites bourses et des budgets anémiques, en colportant de commune en commune l'œuvre du sou mensuel de la bonne presse. Ce qui lui sera facilité, s'il arrive à posséder son supplément diocésain du *Petit Journal bleu*, ainsi que nous le proposons (Voir le règlement de la Ligue de l'*Ave Maria*, p. 31.)

Ce n'est pas le seul service qu'il rende à ces sous-Comités : envoi de Chevaliers de la *Croix* pour lancer une vente, tournée de conférences pour remuer une paroisse ou tout un canton, visite d'un voyageur départemental qui s'en va de village en village, de presbytère en presbytère, pour faire connaître toutes les publications à répandre, tous les procédés à employer... La liste serait longue des appuis que ce Comité peut offrir à tous les propagateurs

(1) Les *Croix* départementales ont de même un très grand nombre de sous-Comités qui reçoivent par leur intermédiaire, dans leur colis, nos publications hebdomadaires ou mensuelles.

de sa région. Elle s'enrichit tous les jours de formes nouvelles d'action. Le développement que prennent les œuvres de tracts et de polycopie amène les Comités à se proposer comme centre de rédaction ou de diffusion, comme intermédiaire pour l'achat de fournitures, avec la même ampleur et les mêmes avantages que les œuvres diocésaines de projections pour l'organisation de conférences et les achats de vues.

2° CONGRÈS REGIONAUX

Un moyen très efficace d'entretenir le zèle des propagateurs de la bonne presse est de provoquer des Congrès, organisés sur le modèle des Congrès généraux de Paris.

Dans ces petites réunions cantonales ou diocésaines, on s'encourage, on se renseigne, on s'aide mutuellement à mieux faire, et l'œuvre y prend un nouvel élan. Mais elles ne donnent de fruit que si elles ont été bien préparées. Procéder avec soin aux invitations, c'est presque assurer le succès. Il faut avoir un programme pratique, qui évite les discussions longues, les dissertations au hasard, et rédiger un questionnaire court et précis, envoyé d'avance à tous les invités. Le président d'une réunion assure toujours pour une grande part le succès, s'il sait avec tact ramener les discussions au point voulu et éviter les échanges de vues théoriques qui ne peuvent aboutir. Il est donc très important de le bien choisir. On le trouvera d'ordinaire dans le voisinage. De Paris, quand la réunion est assez importante et la distance pas trop grande, nous pouvons envoyer quelqu'un ; nous pouvons aussi demander à un de nos amis de la région de nous représenter. Il y a donc toujours avantage à nous écrire pour nous faire part de ces projets de Congrès.

Une réunion ainsi menée a grande chance d'aboutir à d'heureux résultats. Mais, la réunion terminée, tout est loin d'être fini. Il faut veiller à ce que les résolutions prises soient mises en pratique, et cela nécessite souvent un travail long et persévérant.

L'envoi d'un compte rendu à toutes les personnes susceptibles de s'intéresser aux œuvres de presse est le moyen de faire, au lendemain de ces Congrès, de nouvelles recrues.

3° LES « CROIX » REGIONALES

La première *Croix* régionale s'est fondée à Reims en 1889. L'exemple a été rapidement suivi. Il existe aujourd'hui des *Croix* dans presque tous les départements de France.

Plusieurs d'entre elles sont quotidiennes, les autres hebdomadaires ou bihebdomadaires ; quelques-unes paraissent trois fois par semaine.

Ces *Croix* s'engagent à suivre la même ligne de conduite que l'œuvre centrale au point de vue religieux, politique et social. Elles sont autorisées par la *Croix* de Paris à prendre le titre de *Croix* et à mettre le crucifix en tête de leurs colonnes.

Bien que toutes ces *Croix* ne soient pas unies administrativement avec la *Croix* de Paris, des liens très intimes existent entre elles ; elles forment un faisceau puissant et un rayonnement très utile autour de l'œuvre centrale. La *Croix* de Paris, de son côté, cherche à leur rendre tous les services en son pouvoir, et chaque année, en une réunion spéciale qui précède le Congrès général de la Bonne Presse, la question des échanges mutuels de services est mise à l'ordre du jour.

La plupart de ces *Croix* régionales s'occupent avec beaucoup de dévouement de la diffusion de nos diverses publications et de tout ce qui concerne la librairie, l'imagerie, les projections ; et les Comités qui sont en rapport avec elles peuvent recevoir nos publications par leur intermédiaire, en prenant leur part des frais de port et de réexpédition.

Les propagateurs de la bonne presse peuvent trouver dans les *Croix* régionales un appui précieux. Ils doivent également chercher à rendre aux *Croix* tous les services de propagande possibles, et, pour cela, se tenir en rapports suivis avec elles dans leur département.

Dans aucun autre pays, peut-on dire, les catholiques n'ont à leur disposition une organisation de presse, générale et locale, aussi complète et aussi ingénieuse. A eux de s'en servir !

APPENDICE

Quelques encouragements des Souverains Pontifes à l'œuvre de la Bonne Presse

I — Lettre autographe de S. S. PIE X à M. Paul Feron-Vrau

(Texte original)

A Notre cher fils Paul Feron-Vrau, directeur de la « Croix »

CHER FILS,

Parmi toutes les protestations de fidélité qui ne cessent de Nous venir de la chrétienne nation française, aucune n'a été plus belle ni plus imposante par le nombre que celle dont la *Croix* a pris l'initiative et dont vous Nous avez fait hommage au nom de ses centaines de mille signataires. Ce magnifique témoignage d'attachement au Saint-Siège Nous a procuré une satisfaction bien vive pour laquelle Nous tenons à vous exprimer toute Notre affectueuse gratitude. Il Nous est consolant, au milieu de Nos épreuves, de voir cet empressement des catholiques français à faire écho à la voix de leurs évêques pour affirmer leur inébranlable union à la Chaire de Pierre. Et c'est pour Nous une joie profonde de sentir tous les enfants de Notre vaste famille chrétienne groupés autour de leur Père dans la lutte que Nous soutenons pour défendre la liberté de l'Eglise, nécessaire au bien de leurs âmes comme à la grandeur de la patrie.

A chacun de ces fils dévoués va le remerciement de Notre cœur. Mais il s'adresse. d'une façon toute spéciale à vous, qui avez provoqué le témoignage de leur amour et qui Nous en offrez le glorieux souvenir. Par cette belle manifestation populaire de fidélité au Vicaire de Jésus-Christ, vous avez acquis à Notre bienveillance un titre précieux qui s'ajoute à tant d'autres. Et il Nous plaît, à cette occasion, de rendre hommage au dévouement avec lequel vous travaillez à développer la presse catholique, dont l'action à notre époque est si puissante pour défendre et propager la foi. Nous sommes heureux d'applaudir au zèle généreux par lequel, sous votre direction, avec le concours de vos dévoués collaborateurs, la *Croix* cherche à répandre dans le peuple la vérité religieuse. Cette mission, que vous remplissez dans un grand esprit de foi et de docilité envers l'Eglise, Nous vous encourageons à la poursuivre avec courage, et, en vous bénissant de tout cœur, Nous prions le ciel que votre beau labeur produise de nombreux fruits dans ce pays de France que ses épreuves rendent chaque jour plus cher à Notre amour.

Rome, du Vatican, 1er octobre 1904.

PIUS PP. X.

II — Bénédiction accordée à la Ligue de l'« Ave Maria »

(Texte original)

Nous bénissons de tout cœur la Ligue de l'*Ave Maria* et ceux qui prêtent leur concours à la diffusion du petit journal dont le saint but est de faire prier pour la France et pour la Bonne Presse.

Dans le Vatican, ce 6 mars 1905.

PIE X, PAPE.

III — Faveurs accordées à la revue « le Noël »

(Traduction française)

Parfaitement informé des vifs succès que sont habitués à remporter dans leurs œuvres de toutes sortes, en faveur de la religion et du salut des âmes, ceux qui s'appliquent à préparer et à suivre dans ses directions la revue *le Noël ;* en témoignage aussi de gratitude pour les actes de piété qu'ils ont accomplis et les présents qu'ils Nous ont offerts à l'occasion de la récente solennité de Notre jubilé, Nous accordons de cœur à chacun de ceux qui porteront la *petite croix,* insigne de leur groupement, *chaque fois* que, pour le développement de leur œuvre, ils adresseront une prière à Dieu ou feront un acte quelconque, une remise de peines de *trois cents jours,* indulgence qu'ils pourront, s'ils le préfèrent, appliquer aux âmes des défunts. En outre, à eux tous, ainsi qu'à leurs familles, Nous accordons la Bénédiction apostolique avec une particulière affection.

Du Palais du Vatican, 16 décembre 1908.

PIE X, PAPE.

IV — Bénédiction accordée à la revue « Rome »

Très honoré Monsieur,

A peine reçue la lettre de votre seigneurie, je me suis hâté de remettre au Saint-Père l'adresse qui l'accompagnait et l'exemplaire de la nouvelle revue que vous avez fondée en lui donnant pour titre le nom de la Ville Eternelle. Sa Sainteté a daigné leur accorder attention et a éprouvé un extrême plaisir des sentiments qui vous ont inspiré cette détermination. C'est pourquoi elle augure dès maintenant une vie prospère au nouveau périodique et forme le vœu qu'il ait, auprès des catholiques de France, le concours qu'il mérite pour les utiles publications indiquées dans son programme. En même temps, Sa Sainteté vous accorde de tout cœur une spéciale bénédiction, à vous et à tous vos collaborateurs dans l'œuvre digne de louange que vous avez entreprise.

Heureux de porter ces faits à la connaissance de votre seigneurie, je me réjouis de me dire, dans des sentiments de particulière estime,

Votre très dévoué serviteur,
R. card. MERRY DEL VAL.

Rome, 4 janvier 1904.

V — Bénédiction accordée à la revue « l'Eucharistie »

MONSIEUR,

Le Saint-Père a reçu avec une parfaite satisfaction le premier numéro de la nouvelle publication que vous avez entreprise et à laquelle vous avez donné pour titre l'*Eucharistie*.

S. S. Pie X vous félicite du choix d'un moyen qui peut être très efficace pour l'extension du culte de l'auguste sacrement de nos autels, et elle vous encourage à marcher sur les traces de votre oncle vénéré, M. Vrau, qui a laissé un si grand exemple de dévouement à la cause catholique et qui, notamment, a été l'un des principaux promoteurs des premiers Congrès eucharistiques.

Le Saint-Père priera Dieu d'inspirer et de soutenir les hommes de foi et de doctrine qui seront vos collaborateurs, afin que par leurs doctes enseignements, par leur piété et zèle ils éclairent les esprits et enflamment les cœurs.

Soutenus par l'esprit de Dieu, ils sauront montrer à leurs lecteurs la source intarissable qui alimente le zèle et le fait épanouir en œuvres de régénération sociale. En conviant les âmes aux Congrès eucharistiques, ils travailleront de la meilleure manière au salut et à la sanctification du monde, comme à l'union et à la concorde dont les catholiques ont un si pressant besoin.

En éclairant la foi sur ce dogme fondamental, ils lutteront victorieusement contre les sacrilèges entreprises des ennemis du Christ et de son Eglise, contre le péché d'apostasie, suprême outrage du siècle qui nie la divinité de Notre-Seigneur Jésus-Christ et ne voit dans sa personne sacrée qu'un homme extraordinaire, méritant l'admiration et non l'adoration. Ils poursuivront ainsi, d'une façon très pratique, la puissance des ténèbres qui travaille à déchristianiser le monde, en reniant la royauté sociale de Jésus-Christ, en repoussant ses droits à régir la société aussi bien que les individus, en lui interdisant toute vie publique, en le chassant de plus en plus des institutions et des lois, en secouant ou enchaînant l'autorité dont il a investi son Eglise.

Une fin si noble est digne assurément d'un organe qui veut prendre sa place dans cette presse nettement et franchement catholique, consacrée résolument à la défense de l'honneur, des intérêts et de la liberté de l'Eglise, et ne reculant, dans ce but, ni devant les sacrifices matériels ni devant l'austère nécessité d'un travail constant et désintéressé.

Que la nouvelle revue fasse œuvre de rénovation chrétienne, de concert avec les Congrès eucharistiques, ces solennelles manifestations de foi qui apparaissent au monde étonné comme de pieuses expéditions, comme des croisades pacifiques où d'intrépides zélateurs de la gloire de Jésus-Hostie font retentir le vieux cri d'autrefois : « Dieu le veut ! »

Le Saint-Père bénit la nouvelle publication, et, comme gage des destinées les plus fécondes, il envoie de grand cœur la bénédiction apostolique au zélé fondateur, à ses collaborateurs, aux propagateurs de la revue et à tous ses lecteurs.

Veuillez agréer, Monsieur, l'assurance de mes sentiments très distingués.

Du Vatican, 20 mai 1910.

R., card. MERRY DEL VAL.

VI — Bénédiction accordée à la revue « Notre-Dame »

MONSIEUR LE COMMANDEUR,

Le Saint-Père a reçu avec une nouvelle satisfaction l'annonce de la création d'une revue mariale rattachée aux autres revues de la Bonne Presse. Sa Sainteté bénit ce généreux projet, déjà mis à exécution dans le premier numéro de la revue *Notre-Dame*, dont elle vous félicite et vous remercie.

Je fais personnellement les meilleurs vœux pour le succès de la nouvelle revue, et je profite de cette occasion pour vous exprimer mes sentiments très distingués.

Du Vatican, 18 février 1911.

R. card. MERRY DEL VAL.

VII — Bénédiction accordée à la « Croix »

MONSIEUR LE DIRECTEUR,

Je viens de recevoir l'aimable lettre que vous avez bien voulu m'adresser le 3 juillet, avec le montant des offrandes recueillies par la souscription exceptionnelle ouverte sur les colonnes de votre journal à l'occasion du cinquantième anniversaire de la fondation de l'œuvre du Denier de Saint-Pierre.

Il m'a été agréable de présenter au Souverain Pontife cet hommage si spontané de la charité de ses enfants.

Je suis heureux de vous dire, en son auguste nom, Monsieur le Directeur, combien le Saint-Père Pie X a été touché de cette initiative de la *Croix*, ainsi que de l'empressement avec lequel riches et pauvres, clergé et fidèles, ont répondu à l'appel, ont eu à cœur de prouver leur attachement filial à la personne du Vicaire de Jésus-Christ, du Père commun des pasteurs et des fidèles.

En vérité, ce témoignage de généreux dévouement, cette protestation d'amour de la part de ses enfants sont bien de nature à apporter un précieux réconfort au Chef de l'Eglise.

Le Saint-Père me confie le soin d'exprimer sa vive reconnaissance à tous les souscripteurs pour l'offrande de leur charité filiale, et tandis qu'il prie Notre-Seigneur de les récompenser largement de leurs sacrifices, il envoie à tous, avec effusion, la Bénédiction apostolique.

Je saisis volontiers cette occasion pour vous exprimer, Monsieur le Directeur, mes sentiments bien distingués.

Du Vatican, 10 juillet 1911.

R. card. MERRY DEL VAL.

VIII — Bénédiction de S. S. Benoît XV à la « Croix »

Dépêche en réponse à l'hommage envoyé au lendemain de l'élection de S. S. Benoît XV.

Rome, 4 septembre 1914.

S. S. le pape Benoît XV a eu pour agréable l'hommage de vénération, d'attachement et d'obéissance du directeur, des rédacteurs et de la famille de la *Croix*, et, avec ses remerciements, il leur envoie de cœur la Bénédiction apostolique implorée.

Mgr BOGGIANI,
pro-secrétaire d'Etat.

La *Croix* renouvelle cet hommage plusieurs fois par an, et chaque fois le Saint-Père daigne répondre en termes aussi encourageants.

IX — Bénédiction accordée au « Noël »

Del Vaticano, 7 maggio 1916.

MON RÉVÉREND PÈRE,

Il a été très agréable à Notre Saint-Père le Pape Benoît XV d'apprendre, par l'exposé que vous lui avez fait, tout le bien réalisé, sous la direction d'un des membres de votre Congrégation, par l'association de jeunes filles pieuses de France, d'Italie et de divers autres pays, groupées sous le nom de Noëlistes et formant ainsi, avec les encouragements des évêques, un centre d'œuvres religieuses et un ardent foyer d'apostolat.

Le Souverain Pontife est ému des sentiments de piété filiale et de parfaite obéissance envers sa personne sacrée qui animent les Noëlistes et qui se traduisent par le dévouement sous les formes les plus touchantes. Si la papauté est toujours en butte aux outrages et aux injustices de l'impiété, il appartient aux âmes chrétiennes, et en particulier à celles qui ont reçu une formation religieuse plus complète et plus profonde, de réunir en faisceau la force de leur prière collective pour le Père commun des fidèles.

Quand le Pasteur universel de l'Eglise, jetant son regard sur le monde, y aperçoit tant de souffrances et de calamités, il lève lui-même les yeux sur la montagne sainte d'où il attend le secours, et il conjure le Seigneur d'anéantir les discordes sur la surface de la terre et d'accorder aux peuples le repos, la concorde, la paix. Il remercie les Noëlistes de joindre à ses prières leurs supplications unanimes en de saints pèlerinages avec les largesses de leur charité et tout le prix de leurs sacrifices. Il les remercie de leurs pieuses collectes en faveur des orphelins de la guerre et de leurs généreuses offrandes pour le Denier de Saint-Pierre.

Comme gage des faveurs célestes et en témoignage de sa paternelle bienveillance, le Souverain Pontife, faisant des vœux pour l'accroissement du *Noël*, pour le développement de son mouvement de prière et d'apostolat, bénit tous ses membres, leurs familles et le directeur de l'œuvre.

Veuillez agréer, mon Très Révérend Père, l'expression de mes sentiments bien dévoués.

P. card. GASPARRI.

X — Bénédiction autographe accordée à la Ligue de l' « Ave Maria »

Nous bénissons de grand cœur la petite feuille qui est l'organe de la Ligue de l'*Ave Maria*, et Nous souhaitons le meilleur succès aux zélés propagateurs de la presse catholique, car rien n'est aussi urgent que de réparer le mal commis par les mauvais journaux.

Du Vatican, le 21 novembre 1918.

BENEDICTUS XV, PAPE.

XI — Bénédiction accordée à « l'Annuaire pontifical catholique »

Del Vaticano, 8 août 1919.

MONSEIGNEUR,

Le Souverain Pontife a reçu avec la plus vive satisfaction l'*Annuaire pontifical catholique de 1919*.

Sa Sainteté ne peut que vous renouveler les éloges qu'Elle s'est plu à vous décerner, les années précédentes, pour cette publication, fruit de travaux multiples et d'autant plus méritoires que des obstacles de tous genres ont continué d'en contrarier la réalisation.

Conserver à votre *Annuaire* ses qualités essentielles d'abondance et d'exactitude dans l'information, y ajouter comme précédemment des monographies aussi intéressantes par leur actualité que variées dans leur choix et d'une valeur incontestable en raison de la compétence de leurs auteurs, c'était un programme dont les difficultés présentes eussent découragé bien des vaillants ; mais votre activité inlassable et votre grand amour de l'Eglise en ont su triompher. Le Saint-Père vous en félicite et vous accorde de tout cœur la Bénédiction apostolique, que votre grand esprit de foi considère comme la meilleure récompense de vos labeurs.

En vous remerciant de l'exemplaire que vous m'avez gracieusement offert, je vous exprime, Monseigneur, mes félicitations personnelles et vous renouvelle l'assurance de mes dévoués sentiments.

P. card. GASPARRI.

TABLE DES MATIÈRES

PREMIERE PARTIE

L'œuvre de la Bonne Presse et ses productions diverses.

CHAPITRE Ier

L'ŒUVRE DE LA BONNE PRESSE

CHAPITRE II

PRODUCTIONS DE LA MAISON DE LA BONNE PRESSE

DEUXIEME PARTIE

Méthodes de propagande.

CHAPITRE Ier

AVANT LA PROPAGANDE

CHAPITRE II

PENDANT LA PROPAGANDE

CHAPITRE III

APRÈS LA PROPAGANDE
LE SERVICE AUX LECTEURS

CHAPITRE IV

L'ORGANISATION COLLECTIVE,
CANTONALE, DIOCÉSAINE

APPENDICE

Quelques encouragements des Souverains Pontifes à l'œuvre de la Bonne Presse.

716-19. — Imp. P. Feron-Vrau, 3 et 5, rue Bayard, Paris, 8e.

La DOCUMENTATION CATHOLIQUE

Son But

La Documentation Catholique veut déposer sur votre bureau tout ce qui, chez les amis, les indifférents et les ennemis, doit intéresser la pensée, l'action, l'organisation des catholiques, sur tous les terrains : religieux, social, politique, littéraire, historique, juridique, national, international.

Sa Forme

La Documentation Catholique, est, à notre connaissance, la seule revue donnant en leur intégralité tous les documents, quelles qu'en soient les origines, dont la connaissance est utile à un catholique instruit.

La Documentation Catholique, par ses études originales, et par ses reproductions (toujours accompagnées de références minutieusement contrôlées), donne un aperçu complet des problèmes que posent journaux et revues dans le domaine des idées.

La Documentation Catholique, par la même méthode, vous renseigne sur toutes les initiatives religieuses et antireligieuses ; organisations, idées directrices, statut juridique, fonctionnement pratique, résultats constatés.

www.ingramcontent.com/pod-product-compliance
Lightning Source LLC
LaVergne TN
LVHW020411230826
846091LV00004B/1232

* 9 7 8 2 0 1 2 8 6 0 1 4 8 *